국가복지에서
동네복지로

국가복지에서 동네복지로

초판 1쇄 | 2015년 10월 30일

지 은 이 | 전병관
편 집 | 김재범
디 자 인 | 서보경
일러스트 | 박찬순
펴 낸 이 | 강완구
펴 낸 곳 | 써네스트
출판등록 | 2005년 7월 13일 제313-2005-000149호
주 소 | 서울시 마포구 양화로 156, 925
전 화 | 02-332-9384   **팩 스** | 0303-0006-9384
이 메 일 | sunestbooks@yahoo.co.kr
홈페이지 | www.sunest.co.kr

값 13,000원

ISBN 979-11-86430-09-5   03330

우물이있는집은 써네스트의 인문브랜드입니다.

이 도서의 국립중앙도서관 출판예정도서목록(CIP)은 서지정보유통지원시스템 홈페이지(http://seoji.nl.go.kr)와 국가자료공동목록시스템(http://www.nl.go.kr/kolisnet)에서 이용하실 수 있습니다. (CIP제어번호 : CIP2015028714)

국가복지에서
동네복지로

시골 동장의 동네복지 이야기

널리 알려진 대로, 우리나라는 행복지수가 경제협력개발기구 (OECD) 국가들 중에서 최하위이다. 1995년 이후 지난 20년 동안 우리의 삶이 이렇게 나빠졌는데, 이는 승자독식의 시장만능주의 노선이 그동안 우리사회를 지배하게 되었기 때문이다. 그동안 국가의 역할은 취약해졌고 사회공공성은 축소되었다. 그래서 우리나라는 소득상위 10%가 전체소득의 45%를 가져감으로써 미국 다음으로 소득불평등이 심한 나라가 되었다. 뿐만 아니라, 우리나라는 경제규모가 세계 14위임에도 불구하고 'GDP 대비 사회복지지출' 비중이 10.4%로 OECD 평균 22%의 절반에도 못 미치는 복지후진국에 머물고 있다.

그래서 청년은 '7포 세대'로 전락하여 희망 없이 살아가고, 노인은 53%가 빈곤해서 OECD 평균의 4배나 되는 노인빈곤의 고통을 겪고 있다. 여성은 일과 가정 중 하나를 선택하도록 강요당하고, 합

계출산율 1.2로 OECD 국가들 중 꼴찌이다. 우리나라는 자살률이 인구 10만 명당 30명으로 20년 전에 비해 3배가 증가했는데, 이는 OECD 평균 자살률의 3배나 되는 것이다. 결국, 지난 20년 동안 경제규모는 커졌지만 양극화와 민생불안으로 국민은 더 불행해졌다. 지금은 국민이 불행한 시대이다. 나는 더 이상 이래서는 안 된다고 생각한다. 우리 국민 모두는 '행복할 권리'를 가지고 있기 때문이다.

나는 실제로 우리 국민의 '행복할 권리'를 적극적으로 인정하고 보장해야 한다고 생각한다. 이것이 의과대학을 졸업한 예방의학 전문의인 내가 '복지국가 운동가'가 된 이유이다. 나는 행복하려고 노력했지만 행복하지 못한 사람들을 많이 봤다. 병약한 몸을 타고난 사람들은 늘 불안하다. 자주 찾아오는 질병은 이들에게는 큰 재앙이다. 엄청난 규모의 의료비 때문에 이들은 늘 불안하다. 이런 질병의 고통과 부담은 누구에게나 일어날 수 있다. 그래서 국가적 차원에서 온 국민이 서로를 돕는 사회적 연대의 제도화가 필요하다. 이것이 국민건강보험제도이다. 나는 의과대학 졸업 후 국민건강보험제도의 발전을 위해 노력했다.

그리고 2007년부터는 '복지국가 운동가'로 나섰다. 바로 온 국민의 '행복할 권리' 보장 때문이었다. 의료복지의 제도적 확충만으로 온 국민이 행복해지는 게 아니기 때문이다. 행복의 조건은 사회권의 완전한 보장이며, 이것은 광의의 경제와 광의의 복지가 유기적으로 잘 통합된 새로운 국가질서를 요구한다는 사실을 깨닫게 된 것이다. 그래서 2007년 사단법인 복지국가소사이어티를 창립하여 "역동적 복지국가"를 기치로 지금까지 복지국가 운동을 해오고 있다. 그런데 이번에 "동네복지"라는 이름의 새로운 복지국가 운동을 만났다. 바로 "시골 동장의 동네복지 이야기"라는 부제가 달린 이 책이다.

나는 이 책의 초고를 읽으면서 많은 것을 느끼고 배웠다. 저자는 동네복지를 추구하는 자칭 복지동장이다. 이 책은 오랫동안 우리의 뇌리에서 잊힌 동네에 관한 새로운 발견이다. 동네는 대화하고 관계를 맺고 위로를 받을 수 있는 유기체적 존재이다. 이 책에서 동네는 지리적 개념을 넘어선다. 동네는 공동체 의식을 바탕으로 소속감과 정체성을 갖게 하는 곳이다. 여기서 연대감이 형성된다. 나는 이런 식의 연대감이 어떤 틀로서 모습을 드러낼 때 그것이 바로 동네복지라고 생각한다. 동네복지는 법률과 제도의 바탕이 됨과 동시에 그것을 뛰어넘는 것이다. 그래서 사회적 자본이다. 미래의 새로운 경제 질서에서는 이것이 물적 자본 보다 더 강할 수도 있다.

이 책의 장점은 동네와 동네복지에 관한 논리의 탄탄함만이 아니다. 충분한 사례는 더 감동적이고, 그래서 메시지가 머리에 쏙쏙 들어온다. 이 책은 동네가 주민참여의 출발점이란 점을 특히 강조한다. 동네는 주민이 참여하는 동네복지, 주민이 참여하는 동네경제, 그리고 경제와 복지가 통합적으로 실천되는 공간이다. 그런 의미에서 이 책은 동네의 의미에 대한 새로운 발견이자 동네복지에 대한 체계적인 최초의 발견이다. '복지국가 운동가'로서의 나는 지금부터 이 책의 저자를 '동네복지 운동가'라고 부르고 싶다. 내가 갈망하는 국민 모두의 '행복할 권리'가 보장된 "역동적 복지국가"는 틀림없이 이 책의 저자가 원하는 '동네복지'가 구현된 사회일 것이다.

그리고 이런 사회가 우리나라에서 조금이라도 더 빨리 실현될 수 있도록, 그래서 국민 모두의 '행복할 권리'가 실현될 수 있도록 하기 위해서는 더 많은 사람들의 용기와 노력이 필요할 것이다. 끝으로 일선의 복지현장에서 일하는 공무원, 사회복지사, 그리고 동네에 관심이 있는 모든 이들에게 이 책의 일독을 권하다.

2015년 9월 29일
이상이_복지국가소사이어티 공동대표, 제주대학교 교수

시작하는 글

읍·면·동 행정은 '종합행정'이라고 할 수 있다. 비록 행정의 가장 작은 단위이지만, 농업에서부터 산업, 청소, 환경, 교통, 새마을, 주민자치, 보건, 복지 등 주민생활과 가장 밀접하게 맞닿아 있는 곳이 읍·면·동이기 때문이다. 지역의 실정을 잘 파악하고, 주민 불편사항을 자족적으로 해결할 수 있도록 지원하고, 주민이 자치적으로 동네를 운영하는 공동체를 만들어갈 수 있도록 협력하는 일 또한 읍·면·동의 주요한 역할이라고 할 수 있다. 그래서 읍·면·동장의 역할이 점점 더 중요해지고 있다.

나 또한 충남 아산의 한 동네인 온양3동의 동장으로 발령을 받고서 이런 상황에 직면해야만 했다. 20년 이상 복지를 업으로 삼아왔지만 어떤 동네가 더불어 살아가는 공동체의 진정한 모습인지, 동 단위 행정에서 가장 시급하게 처리해야 하는 일들이 무엇인지, 새로운 지역복지체계는 어떻게 마련해야 하는지 고민하지 않을 수 없었다.

우선 내 목표가 복지동장이었기에, 발령을 받고 처음으로 시작한 일이 기초생활수급자 등 생활이 어려운 가정을 방문하는 일이었다. 복지를 실현하기 위해서는 우선 실태를 파악하는 것이 먼저였기 때문이다. 내가 처음 사회복지사로 공직에 들어와 동네 이장님 댁에 머물며 실태 파악을 했던 때와는 많이 달라져 있었다.

예전에는 이장님 집에서 밥도 먹고 잠도 잘 수 있을 정도로 이웃의 훈훈한 정이 넘치는 곳이 동네였다. 생활이 어려운 가정을 방문하면 이웃집 할머니가 내어 놓은 삶은 고구마를 함께 먹으며 고단한 삶의 이야기를 나눌 수도 있었다. 그런데 지금은 그런 이웃집 할머니는 없고, 왜 방문을 했는지 의심스러운 눈초리를 보내기 일쑤다. 동네라는 곳에는 늘 있었던 이웃간의 정, 사람 사는 정이 사라져가고 있다.

어떻게 하면 예전처럼 이웃과 살가운 관계를 형성하며 더불어 살아갈 수 있을까? 나는 그 해답은 본래 우리가 살았던 동네의 모습에서 찾을 수 있으리라 생각했다. 시대가 아무리 급변해도 동네라는 공동체는 사라지지 않을 것이기 때문이다. 그 공동체 속에서 살가운 정을 주고받으며 서로 어울리는 모습을 회복하는 것이 나는 동네복지의 첩경이라는 결론에 이르렀다.

우리 '동네'에는 예로부터 서로 돕는 전통이 있었다. 품앗이도 그렇고 애경사가 있을 때마다 동네 사람들이 나서서 힘을 보탰다. 나는 그 '나눔 DNA'가 지금도 존재하고 있다고 믿는다. 예전처럼 옆집 숟가락 개수까지 훤하게 알 정도는 아니라 하더라도 서로의 사생활을 존중하면서도 관심을 가지고 필요한 것들을 나누는 문화는 엄연히 존재한다. 나는 이 나눔 공동체의 회복이 곧 동네복지의 시작점이라고 생각한다.

동네 단위의 공동체 회복은 행정기관의 힘으로만 할 수 있는 게 아니다. '동네에서의 삶'과 '더불어 살아가는 삶'을 가까이에 사는 이웃이 대신 해줄 수 있게만 마련해준다면, 이웃간의 정을 느낄 수 있는 작은 일들이 지속적으로 펼쳐진다면 동네 단위의 나눔 공동체는 자연스럽게 만들어질 수 있다. 행정일선에 있는 동장이 시작할 수 있는 일은 그렇게 작은 것부터였다.

동네복지는 시작도 중요하지만 지속가능성에 중점을 두지 않으면 안 된다. 나는 여러 사업을 추진하면서 '자조'와 '자치'를 늘 염두에 두었다. 동네의 자조는 말 그대로 주민들 스스로 문제를 해결해가는 노력이다. 주민들의 내공은 이 노력과 함께 높아지게 마련이다. 동네공동체의 순환과 공생을 꿈꾸기 위해서는 무엇보다도 이 자조가 필요하다. 그것은 한마디로 "우리 동네의 어려운 이웃은 우리가 돕는다"로 요약할 수 있다. 〈우리 이웃 지킴이〉는 그 자조를 실현하기 위해서 시작한 사업이었다. 동네의 애환을 나누는 행복드림사업, 후원구좌 모집도 크게는 그 일환이라고 할 수 있다.

자치는 말 그대로 스스로 다스린다는 뜻이지만, 나는 그것을 넘어 스스로 이루는 것이라고 말하고 싶다. 예전부터 동네에는 규약이 있었다. 이 규약으로 자치를 키워왔던 것이다. 자치가 온전하게 가능하려면 국가에서 동네로, 개인에서 공동체로, 요구하는 것에서 나누는 것으로 옮겨가야만 한다.

흔히 동네는 아무리 작아도 하나의 세계라고 한다. 이 책은 동네 공동체가 생겨나고 진화하고 있는 지금 왜 하필 동네복지가 필요한지에 대한 나름의 고민을 담고 있다. 또한 자조와 자치로 동네 복지의 완성을 꿈꾸는 시골 동장의 작은 실천의 기록이기도 하다. 더불어 우리가 앞으로 살아가야할 동네복지의 모습도 그려보고 싶었다.

나는 이 책이 전국의 읍 · 면 · 동에서 공동체의 복지와 지속 가능성을 고민하는 이들에게 조금이라도 도움이 되었으면 좋겠다. 나는 어릴 적 동네에서 느꼈던 살가운 정의 문화를 다시 회복해보려고 노력했던 작은 실천 사례들을 소개해 보았다. 지난 1년 동안 추진했던 사업들이 동네에 뿌리를 내리기까지는 아직 많은 시간이 필요할 테지만 적어도 복지동장으로서 내가 꿈꾸는 동네의 모습은 충분히 녹아 있을 거라고 생각한다. 나는 이런 작은 시도들이 지역 복지를 넘어 우리나라의 복지를 바꾸는 계기가 되었으면 좋겠다.

함께 고민하고 노력해준 온양3동 직원들과 사회단체장들께 감사의 마음을 전한다. 물론 가장 큰 힘이 된 분들은 우리 지역의 주민들이었다. 대학원을 졸업하고도 홀로서기를 못하고 있는 제자에게 늘 관심과 조언을 아끼지 않는 이은구 교수님께 특별한 마음을 담아

감사의 마음을 드린다.

언제나 같은 자리에서 묵묵히 격려하고 동행하는 아내, 그리고 딸 소희, 소영에게도 사랑의 마음을 전한다.

2015년 10월

온양3동 주민소통실에서 전병관

목차

쉬고 기대고 서로를 돌아보는 곳,
인간의 행복할 권리를 실현하는 동네이야기...

1장
동네의 발견

국가복지에서 동네복지로

01

동네의 발견

동네란 무엇인가? 저마다 이 단어가 주는 어감과 정서가 다를 것
이다. 누구나 동네에 대한 저마다의 기억이 있고, 경험이 있다. 동
네는 흔히 고향과 동일시되는 개념일 만큼 짙은 향수를 느끼게 한
다. 어떤 이들은 교육수준이 낮고 문화적 환경이 열악한 곳이라고
생각하기도 한다. 또 어떤 이들은 주민들 스스로 참여하고 자율적
으로 결정해나가는 공동체로 인식하기도 한다.

사람들은 이렇게 평범하고, 친근하며, 일상적인 곳을 동네라고
생각하고 있다. 각자의 생각이 어떻든 요즘 동네에 대한 사람들의
관심이 날로 높아지고 있다. 동네는 그 느낌이나 향수만이 아니기
때문이다. 이 글로벌한 시대에 왜 사람들은 '작은' 동네에 주목할까.
그것은 동네가 갖고 있는 중요한 가치 때문이다.

그 중에서 가장 중요한 가치는 공동체 문화이다. 우리 동네에는

이웃이 산다. 우리 고유의 공동체 문화는 동네 구성원의 애환과 기쁨을 같이 해왔다. 이웃이 어려움에 직면하면 손을 잡아주고, 더 거창하게 얘기하면 운명을 같이 해왔다고도 말할 수 있다. 공동체 문화는 지금의 삶을 변화시킬 수 있으며 미래에 닥칠 위기에 대응하게 해준다. 보편 복지에 대한 논쟁이 활발한 지금 이 공동체의 문화에 더욱 주목해야 하는 이유가 여기에 있다.

잠시 동네와 마을의 개념을 짚고 넘어가자. 대개 이 두 가지 개념은 혼용되고 있다. 일반적으로는, 도시와 농촌 모두에 있는 동네는 이웃들이 늘 얼굴을 맞대고 교류하는 곳이고, 시골(농산어촌)의 마을은 공동생활을 목적으로 여러 사람이 모여 사는 곳이라고 인식하고 있다.

동네의 사전적 의미는 여러 집이 모여 사는 지역사회의 한 단위를 의미하며, 주민들이 서로 대면적 관계를 가지고 환경을 공유하는 지리적 장소를 일컫는다.[1]

그런데 동네는 사전적 의미보다 더욱 밀접하게 연관되어 있다. 동네의 문제를 접하고 해결하는 과정에서 그 관계는 더욱 친숙해진다. 사전적 의미가 단위 공간과 환경, 장소를 공유한다면 실제로는 공통된 사회적 특징, 공동의 감정까지를 내포하고 있다. 그런 가운데 공동체 의식이 생겨나며 그 공동체의 가치와 이익을 위해 교류하고 함께 참여하게 되는 곳이 바로 동네인 것이다.

마을의 사전적 의미는 주로 시골에서 여러 집이 모여 사는 곳으로서, 공동체가 서로 보살펴주면서 사는 곳을 일컫는다. 전통적인 개념의 마을은 사람들이 특정한 자연환경을 선택해 주거지를 조성하고, 그 안에 집과 마을회관 등을 지어 거주하는 하나의 정주단위를 의미한다.[2] 그래서 마을은 지역사회의 최소 단위로서 서로 밀접한 관계를 형성하는 주거 공동체인 농촌지역에서 매우 중요한 사회적 의미를 지닌다. 마을은 장소를 공유함으로써 소속감, 정체성과 같은 심리적 유대감이 형성된다. 또한 다양한 관계만큼이나 다양한 사회적 유대가 형성된다. 마을 공동체는 '우리'라는 집단적 관념을 만들어냈고, 마을 밖의 외부인들과는 구별되는 자신만의 뚜렷한 정체성을 획득하게 한다.

사실 동네와 마을은 개념이나 성격에 있어서 같은 맥락이라고 할 수 있다. 나는 이 책에서 일상생활에 좀 더 가깝게 느껴지는 단어로서 동네를 쓰기로 했다. 또한 복지의 측면에서 동네는 더불어 사는 따뜻함을 보다 적극적으로 드러내고 있는 단어라고 판단했기 때문이다.

1. 동네 이야기

이삼십 채 남짓한 집들이 옹기종기 모여 있다. 아이들이 천진난만하게 뛰어 논다. 아이들이 집에서 한 음식을 들고 여기저기 나른다. 사람들이 동네라는 말을 들으면 대개 이런 시골의 모습을 연상할 것이다.

그렇다. 동네라는 의미는 주로 친밀한 사람들과 관계를 형성하며 여러 집이 모여사는 곳이라고 정의할 수 있다. 동네는 지리적, 물리적 특성뿐만 아니라 동네 사람들의 사고와 생존에 직접적으로 연결되는 사실적인 특성도 내포하고 있다는 말이다. 그러기에 동네에 대한 정의는 달라지는 여러 상황에 따라 재정의할 수 있을 것이다.

먼저 현실의 커뮤니티와의 관계라는 측면에서 정의해보자. 커뮤니티를 정의하는 요소에는 일반적으로 세 가지가 있다. 첫째, 장소에 기반을 두고 사람들이 모여 살고, 둘째 직접적인 대인관계를 중시하며, 셋째 특별한 연대감과 정체성을 가진다. 이렇듯 동네와 커뮤니티는 공통된 특성을 가지고 있다고 말할 수 있지만 그 배경에서는 명백히 다르다.

동네는 일반적으로 30~60가구, 인구 100~200명 안팎의 규모이다. 한편 커뮤니티는 500~1000가구에 인구가 1000~2000명에 달한다. 역사적으로도 동네는 대부분 오랜 기간에 걸쳐 자연적으로 형성되었기 때문에 자연적, 생태적 특성이 강조된다. 반면에 커뮤니티는 단기간 계획적으로 발전했기 때문에 계획적이고 보다 사회적이라는 특성을 띤다.[3]

동네는 관계가 중시되는 곳이다. 동네는 자발성과 자족성 그리고 지속성을 가지고 유지되는 독립적인 단위이다. 그러나 커뮤니티는 목적이나 사회적 가치가 더 중시되기 때문에 독립적 단위라기보다는 큰 단위의 한 부분으로서의 역할을 강조한다.

동네와 커뮤니티는 이런 차이점에도 불구하고 많은 유사성을 가지고 있다. 규모나 역사성 측면에서의 커뮤니티의 의미를 내포하고 있는 아파트 단지를 최근에는 하나의 동네로 간주하기도 한다. 이런 경우에는 동네와 커뮤니티가 거의 동일한 의미로 쓰인다고 볼 수 있다.

이러한 공통점과 차이점을 통해서 보면 동네란 특정 장소를 기반으로 비교적 독립된 장소에서 사람들이 모여 사는 공간을 의미한다. 또한 구성원들이 직접적이고 친밀한 대인관계에 바탕을 둔 공동 운명체로서 특별한 연대감과 역사성 등을 갖는 단위라고 할 수 있다.

동네가 형성되려면 기본적으로 주민과 공간이라는 두 가지의 요수가 있어야 한다. 동네에서 주민들은 '우리'라는 공동체 의식을 바탕으로 소속감과 정체성을 갖게 되고, 연대감을 형성하게 된다. 그래서 동네 주민들에 대한 규정은 동네의 특징을 파악하는 데 중요한 기준이 된다. 또한 동네라는 특정한 공간은 자연환경과 물리적 자원 등 다양한 요소를 포함하고 있다. 다시 말해, 주민들의 거주 공간일 뿐 아니라 경제활동 공간, 자연환경 공간을 포함하고 있다는 것이다.

동네는 지금 급속한 변화를 겪고 있다. 동네 간의 경계가 허물어지고 있으며, 점점 더 복잡해지고 있다. 특히 동네의 범위가 광역으로 확대되면서 주민의 범주 또한 넓어지고 있기 때문에 기존의 주민과 공간이라는 두 요소로 규정된 틀을 넘어서 보다 유동적이고 탄력적으로 인식할 필요가 있다.

동네는 짧게는 수십 년, 길게는 수백 년, 수천 년의 역사를 갖고 있다. 이것은 동네가 나름의 항상성을 갖춘 사회 시스템을 가지고 있음을 증명하는 것이다. 그 시스템 하에서 동네의 구성원들은 재충전을 하고 살아갈 자원을 조달하며, 역사적으로 갖춰진 체제의 질서를 유지하고, 긴장과 갈등을 스스로 해결할 수 있었다.

그렇다면 이런 힘을 갖는 동네의 구성원들을 하나로 묶어주는 동력은 무엇일까? 동네는 사람들이 모여 살고 있는 가장 작은 단위의 공동체이다. 이 동네라는 사회체계가 제대로 작동하려면 자발성, 자족성, 지속성이라는 근원적 동력이 필요하다.

먼저, 가장 기본적인 동력인 자발성에 대해 알아보자. 자발성은 자신의 의지와 판단에 따라 관계를 맺는 것을 말한다. 동네로 확장하면 동네 자체의 의지(뜻)와 판단(결정)에 따라 동네 구성원의 관계가 이루어지는 것이다. 동네가 원활하게 작동하려면 이 자발성이 반드시 필요하다. 자발성은 주민들의 소속감과 참여의식에 의해 강화된다. 이것은 다른 주민들에 대한 관심으로 이어져 관계 맺기를 촉진하며 동네의 현안에 대해서도 적극적으로 대응하게 해준다.

다음으로, 자족성은 동네라는 체계를 스스로 유지하는 데 필요한 동력이다. 자족성은 동네 구성원들이 자신들에게 필요한 자원을 직접 조달하고, 다양한 욕구를 충족시킬 수 있는 고유의 능력이 있음을 의미한다. 동네의 정치, 즉 동네의 문제나 현안을 리더와 주민들간의 협치라는 내부의 시스템으로 해결할 수 있다는 것을 의미한다. 상존하는 갈등도 마찬가지로 동네회 등을 통해 자체적인 조정 방식으로 해결한다. 동네의 조건에 맞게 조직된 두레나 품앗이, 계와 같은 협업 시스템은 경제 영역을 구축하는 자족적 방식의 대표적인 예라고 할 수 있다. 우리가 익히 알다시피 인간은 '사회적 동물'이다. 다시 말하면 다양한 관계로 맺어지는 '관계적 존재'라고 할 수 있다. 인간이 이런 본능을 가지고 있기 때문에 동네에서 사회적 욕구를 충족시킬 수 있는 것이다. 관계 맺기를 하는 동안 친밀도가 높아지고 강한 정서적 지지가 생겨난다. 이것은 다시 협력 시스템을 구축하게 되어 물질적, 심리적 안정을 제공한다. 이런 밀접한 관계를 통해 스스로 구축하는 동네복지시스템이야말로 불확실성이 점점 더 높아지는 미래사회에서 대안이 되기에 충분하다.

셋째, 동네는 혈연공동체로서, 운명공동체로서 강한 힘을 발휘하면서 지속적으로 발전해왔다. 동네들을 보면 아직도 기본적으로 같은 핏줄을 갖고 있는 경우가 적지 않다. 핏줄을 공유한 공동체 외에도 피가 다른 가문이나 세력이 함께 동거하는 동네도 있고, 적대적 세력이 때로는 견제하고, 때로는 협력하면서 균형을 이루는 동네도 있다. 윌슨은 혈연이라는 폐쇄적인 특징보다는 생태적 중요성에 주목했다. 그는 인류가 특정 공간을 공유하고 살아남기 위해 이기적 욕망을 극복하며 협동했기에 생존할 수 있었고, 그것은 앞으로도 인류가 살아남게 될 유일한 희망이라고 했다.[4]

이렇듯 동네는 경제적 측면뿐만 아니라 사회적, 생태적 측면까지 고려하여 유기적이고 포괄적인 관계를 맺을 수 있다. 인류가 존속할 수 있었던 것은 동네에서 경제적인 협력시스템이 만들어지고, 사회적인 관계망을 통해 자생적인 지원체계를 조직하며, 환경을 파괴하지 않는 생태친화적 노력이 있었기에 가능했다.[5]

이러한 동력들은 홀로 기능하는 것이 아니라 상호적으로 작용하며, 질서 있게 충족될 때 완성되는 것이라고 할 수 있다. 그렇다면 이러한 동력을 생기게 동네를 떠받쳐온 사상은 무엇인가?

첫째는 평등과 자치이다. 동네의 관계는 기본적으로 호혜를 바탕으로 한다. 여기서 호혜란 자율적 판단과 사회적 의무의 실천 등이 결합된 것을 말한다. 호혜는 대가를 전제하지 않는다. 동네 주민은 운명적으로 결정된 공동체 구성원으로서의 책임을 받아들이면서 자연스럽게 이타적이 되고, 이타적인 행동을 통해 자신도 보호받게 된다. 이런 관계를 통해 실현되는 것을 '호혜적 평등'이라 부를 수 있다. 동네의 호혜적 평등은 자치도 가능케 한다. 이것은 주민들 간의 상호 존중과 신뢰가 깔려있어야만 가능하다. 당연히 서로 대등한 위치에서 의견을 교환하고 각자의 역할과 책임을 다해야 한다.

둘째는 공유와 나눔이다. 동네에서의 자족성은 모든 구성원이 함께 공유하고 나누는 과정을 통해 비로소 이루어진다. 모든 동네에 있는 공유지와 공공시설 역시 공유의식을 고양시켜준다. 마을회관, 자치센터, 노인정, 도서관 등은 사용자간의 관계망을 두텁게 할 뿐 아니라 공공의식을 강화하는 역할도 하게 된다.

공유는 동네의 공공물을 함께 소유하는 것이라고 한다면, 나눔은 각자 배타적으로 가지고 있는 개인 소유물을 다른 구성원에게 베푸는 것이다. 동네에서의 나눔은 어렵고 긴박한 상황과 위기를 극복하게 해준다. 예전부터 동네에서는 이것이 일상화되어 있었다. 나눔은 물질 뿐 아니라 능력을 나누는 데까지 확장된다. 나눔은 자발성을 기초로 한다. 강요하지 않고 서로 돌보고 나누는 방식이 공고화되면 동네복지는 자체적으로 해결할 수 있는 힘을 갖게 되는 것이다.

셋째는 상생과 조화이다. 수많은 어려움 속에서도 동네가 존속할 수 있었던 것은 바로 구성원들 간의 인화가 뒷받침되었기 때문이다. 인화는 상생에 기초하고 있다. 다시 말하면 동네는 주어지는 상황이나 위험을 함께 헤쳐 나가야 하는 운명 공동체이다. 또한 동네는 다른 동네에 대해 독립된 실체이다. 그래서 동네는 자치공화국으로서 동네 상호간 불간섭의 원칙을 지키는 한편 서로의 실체를 인정하고 평화를 지향한다. 동네는 '느슨한 연대'를 이루고 궁극적으로는 공동 번영을 추구한다.

동네의 상생과 조화의 사상은 자연과의 관계에서도 드러난다. 동네는 기본적으로 자연이나 환경을 조화롭게 존속하고자 한다. 물론 이러한 지속성을 넘어서는 개발과 파괴가 계속 되고 있는 것도 엄연한 현실이다.[6] 동네가 본질적으로 갖고 있었던 사람과 사람, 자연과 사람간의 어울림을 회복하는 것만이 이러한 위험 상황으로부터 벗어나는 유일한 길일 것이다.

2. 동네의 매력

동네의 매력은 무엇일까?

한마디로 동네는 따뜻하다. 동네는 상호 호혜적인 관계를 이루며 살아간다. 그래서 동네에서는 사람들과 부담 없이 대화하고 관계를 맺으며 자신의 처지를 위로받을 수 있다. 그것이 자연스럽게 이루어지면 상대를 이해하려는 여유가 생긴다. 연결망이 잘 짜여 있고 복잡한 사회에 비해 위로받을 수 있고, 여유를 갖게 하는 동네의 연결망은 피로를 풀어주는 해독제 역할을 톡톡히 하고 있다.[7]

동네는 무엇보다도 관계를 중시한다. 동네에서 뜻이 다르고 때로 의견이 갈리더라도, 당초에 했던 합의가 틀어지더라도 관계를 중요시하기 때문에 중도에 포기하지 않는다. 뜻이 달라져 절망하게 되더라도 그것을 다시 일치시키려고 애를 쓴다. 관계를 중시하기 때문에 설득하고 다독이며 마음을 모아나간다. 그것은 세월이 흐르는 동안 차곡차곡 쌓이게 된다. 이러한 마음이 모여 있는 곳이 바로 동네인 것이다. 지금까지 얘기한 동네라는 개념이 아파트에서도 가능할까? 가족이라는 필연적이고 운명적인 공동체도 아닌데 마음과 마음이 모여 수용적인 관계를 형성하면서 동네를 이루어갈 수 있을까?

동네를 이루려면 이웃들과 '마음을 나누는 관계'를 선택해야 한다. 이 선택은 함께 견디고 만들어가는 관계를 형성하게 해준다. 아파트는 입주민들의 사회적, 경제적 배경이 대체로 유사하다. 부모나 자녀들의 연령 또한 비슷비슷하다. 몇 백 몇 천의 가구들이 밀집해서 살고 있으며, 단지에는 공용 공간이 제대로 갖추어져 있어서 동네 사람들이 모이는 거점으로 제격이다 싶은 곳들이 많다.

하지만, 아파트에서 동네를 만들기가 어려운 것은 주거의 형태가 아닌 다른 데에 있다. 바로 재개발, 재건축 등의 철거와 신축 방식에서 문제가 발생한다. 이 방식은 동네를 이루어 몇 십 년 동안 살아온 구성원들을 하루아침에 뿔뿔이 흩어진다. 가끔 뉴스거리가 되는 층간소음 끝의 끔찍한 사고도 소음 그 자체의 문제라기보다는 문제를 해결하려는 사람들 간의 불화 때문에 생긴다. 평소에 인사라도 건네고 살면 험한 말들과 폭력이 오가지 않았을 것이고, 평소에 유지해온 관계도 더욱 돈독해졌을 것이다.

아파트에서 동네 공동체가 활성화되지 못하는 가장 결정적인 문제는 주거와 노동의 문제가 해결되지 않았다는 데 있다. 주민들은 대개 2년마다 이사를 해야 하는 처지에 놓인다. 그러다보니 아래, 위층에 누가 사는지 알기도 힘들다. 오히려 그것은 번거롭고 심란한 일이라고 생각하게 된다. 아파트에 사는 사람들은 아침 일찍 일터에 나가 밤이 되어서야 집으로 돌아와 지친 몸을 쉬었다가 다시 일터로 향하는 생활을 반복한다. 이렇듯 국제적으로도 강도 높은 우리네 노동현실을 감안할 때 온전한 공동체를 형성하기가 어렵다. 자신의 생활이 고단한데 어떻게 이웃을 돌아보고 동네를 생각할 수 있을까? 죽어라고 일만 하는 우리네 생활에서 '저녁이 있는 삶'은 어쩌면 불가능할지도 모른다.

이러한 현실에서 동네를 위해서 혹은 모임을 위해서, 조직과 공동체를 위해서 동네 사람들이 모이는 것은 쉽지 않다. 명분과 당위를 앞세우다보면 그것은 개인에게 오히려 억압이 될 수도 있다. 동네는 개인의 자유와 의사를 최대한 존중하는 문화를 기본으로 해야 한다. 그리고 저마다 경제적 조건이 다르기 때문에 형편대로 참여해야 한다. 동네는 개인의 자유와 의사를 존중하면서도 개인의 경제적 형편에 대한 제약을 최소화하는 곳이어야 한다. 그리고 동네에서 누리는 자유는 시장에서 돈으로 보장받는 자유보다 더 따뜻하고 세심한 것이어야 한다.

같은 동네에 사는 구성원들은 제각기 형편이 다르고 취향과 욕구가 다르다. 이 '다름'을 이해하고 당연히 인정해야 한다. 이것은 소통하며 살아야 하는 동네에서 가장 기초적인 것이며 민주주의의 기본이라고 해도 무방할 것이다.

물론 동네는 우리 사회의 모든 문제를 해결할 수 없다. 하지만 보다 긴밀하고 따뜻한 생활의 관계망을 구축하여 보다 나은 사회적 공감대를 형성할 수 있다. 이 동네의 매력에 공감하는 사람들이 늘어날수록 동네를 통한 대안적인 삶이 다양해지고, 행복감과 만족을 느끼는 사람들이 늘어날 것이다. 이것은 동네의 진정한 매력임과 동시에 공동체를 형성하기 어려운 아파트에도 동네가 꼭 필요한 이유인 것이다.

3. 동네의 주인들

예나 지금이나 동네 공동체의 주역은 단연코 '아줌마'들이다. 아줌마들은 결혼 이후에 직장에 다니기도 하고, 육아에만 전념하기도 하고, 단절된 경력을 이어가려 하거나, 창업을 시도하기도 한다. 나는 아줌마들의 내공이 장난이 아니라고 생각해 왔다. 특히 그녀들은 소통의 달인들이다. 이웃들과 만나 수다를 떨다보면 동네의 사소한 대소사도 모두 알 수 있으며, 대화를 통해 문제를 해결하기도 한다. 동네마다 20~30명씩 조직되어 있는 새마을부녀회의 활동이 대표적이라고 할 수 있다. 부녀회는 노인정 청소를 비롯하여 동네잔치, 홀몸어르신들을 위한 김장봉사 등 동네의 궂은일을 도맡아

하고 있다. 그래서 아줌마는 동네의 주역이자 동네를 이끌어가는 중심 일꾼이라고 해도 과언이 아닌 것이다.

요즘 동네에서 주목하는 또 다른 대상이 30대 싱글족이다. 이들은 취업 때문에 꽃 같은 학창시절을 우울하게 보냈고, 졸업 후 불투명한 미래 때문에 불안해하던 세대들이다. 이들은 결혼을 필수라고 여기지 않는 대신 문화적 욕구가 대단히 높다. 만만찮은 세상살이를 경험해본 세대이며 조금은 다른 삶을 고민하는 세대이기도 하다. 나는 이들이 동네를 이끌어갈 새로운 세력이라고 생각한다. 동네 아줌마들과 함께 수다도 떨고, 동네일도 같이 벌이면서 새로운 바람을 불어넣어 줄 수 있을 것이다. 기존에 있던 중심 일꾼들에 새로운 세력이 더해진다면 시너지를 기대할 수 있을 것이다. 기존의 자연부락과는 달리 아파트에는 동네일을 보는 30대 통장이 늘어나고 있다. 이들은 젊기 때문에 적극적이고, 행정적인 일도 빠르고 꼼꼼하게 처리한다. 동네 공동체에 신선하고 강력한 동력이 아닐 수 없다.

동네에서 자라는 아이들은 어떤가. 아이들은 대개 스무 살이 되면 동네를 뜬다. 이들은 객지에 나가 새로운 길을 모색하기도 하고, 남보다 잘 살아보겠다고 험난한 주류 경쟁판에 뛰어들 것이다. 이때 동네는 베이스캠프의 역할을 할 수 있다. 이들이 지치고 상처 받아 아파할 때 위로가 되고, 다시 세상에 나갈 힘과 용기를 주는 곳이 바로 동네이다.

이 동네에는 부모님과 어르신들이 있다. 어르신들은 존재 자체만으로 동네 공동체를 유지하는 데 큰 힘이 된다. 어르신들은 오랜 세월 동안 동네와 함께 한 연륜이 있고, 지혜가 있어서 젊은이들에게 정신적인 지주 역할을 할 수 있다.

이·통장들을 비롯하여 새마을지도자, 부녀회장, 반장, 노인회장, 개발위원 등이 동네 공동체를 위하여 가장 중심적인 역할을 하고 있다. 동네 공동체가 활발하게 움직이고 제 역할을 다하려면 이러한 리더들과 함께 아이들, 아줌마들, 젊은이, 어르신들이 함께 세대적으로 통합해야만 한다.

4. 동네의 재발견

왜 요즘 이 '동네'에 주목하게 되었을까? 20여 년간 노력해온 지방자치만으로도 충분하지 않을까?

대답 대신 복지 얘기를 먼저 해보자. 복지는 '공동체적 연대에 의한 자치복지'와 '공공성을 바탕으로 한 국가복지'가 씨줄과 날줄로 꼼꼼하게 엮어져야만 제대로 실현될 수 있다. 이 둘 중 하나라도 빠지게 되면 복지는 허술해질 수밖에 없다. 그래서 봉사와 헌신에 기초한 동네의 작은 정치에 주목하는 것이며, 이익보다 사람을 중시하는 동네의 작은 경제에 눈을 돌리는 것이다.

동네에도 권력이 존재한다. 동네의 권력은 주민들의 생활과 직결되어 있기 때문에 중앙정치보다 더 민감하고 실질적이며 강한 의미를 갖는다. 국가나 지역 단위에 비해 현저히 작은 수준이어서 대개 주민들 간의 합의를 통해 형성된다. 하지만 최근에 들어서 아파트 동네에서는 통장을 직접 선거를 통해 선출하는 경우가 많아졌다.

동네에서는 주민들이 늘 대면적이고 직접적인 방식으로 소통하고 관계를 맺는다. 그들은 서로 원하는 것이 무엇인지 알고 있기 때문에 일상적인 관계를 통해 자신들의 욕구를 충족하려 한다. 동네에서 필요로 하는 지도자는 대개 카리스마 넘치는 유형보다 주민들의 요구사항을 묵묵히 해결해주는 성실한 유형이다. 그들은 동네의 일꾼에 가깝다. 중앙정치와는 사뭇 다른 민주주의의 행태가 동네 단위에 엄연히 존재한다는 사실에 주목해야 한다.

동네에서는 갈등도 자원이다. 동네에도 이런저런 파당이 존재하며, 권력집단과 이를 견제하고 권력을 차지하려는 집단 간의 갈등이 수시로 일어난다.[8]

더구나 동네의 갈등은 일상적으로 일어난다. 자원은 한정되어 있고 이기심은 무한하게 마련이다. 그러다보니 갈등이 빚어지고 충돌이 생길 수밖에 없다. 이렇게 수없이 갈등과 충돌이 있었음에도 불구하고 동네가 오랫동안 유지될 수 있었던 힘은 무엇일까? 동네는 다른 어떤 공동체보다도 오랜 역사를 갖고 있다. 이 공동 운명체의 바탕에는 연대감과 자기희생의 정신이 깔려 있다. 갈등이 충돌이 늘 일어나지만 근본적으로 상부상조의 정신과 생활원리가 작용하고 있다. 갈등을 줄이고 개인의 이기심을 억제하는 자체 규약도 가지고 있다. 이 규약은 구성원들 간의 약속이자 동네의 법으로 기능한다. 규약은 암묵적인 규범이나 민습 같은 불문법의 형태로 존재하기도 하고, 성문화되어 있기도 하다. 이것은 구성원들의 판단과 행동에 영향을 준다. 통장 등의 지도자나 노인회장 등 원로의 역할도 크다. 동네에 문제가 생기면 이들이 나서서 중재하고 조정함으로써 동네의 질서와 평화를 유지시켜준다.

규모가 작을지라도 동네는 엄연한 사회적 체계를 갖춘 곳이다. 동네가 지속적으로 유지되려면 자체의 목표가 있어야 하고 목표 달성을 위해 노력해야 한다. 동네의 목표가 무엇일까? 그 말은 동네의 존재 이유와 목적에 무엇이냐는 말과 동일하다. 동네의 목표는 주민들의 자발성을 바탕으로 자족성과 지속성을 보장하는 것이다. 달리 말하면 이러한 존재 목적을 달성하기 위한 구체적인 방법과 실천 과정이 동네의 목표라고 할 수 있다. 이 과정에서 동네는 필요한 자원과 비용을 스스로 조달하기 위해 노력한다. 자체적으로 기금을 적립하기도 하고, 주민들이나 동네 관계자들로부터 기부금을 받기도 한다. 이때 분명한 점은 자발성인 특성을 최대한 활용한다는 것이다.[9]

동네 주민들이 주체가 되는 '작은 정치'에서는 동네의 공공업무를 주민회의를 통해 주민들이 직접 결정하고 실행한다. 우리는 이것을 동네 공동체의 연대라고 부를 수 있다. 이처럼 동네에서는 소수의 목소리도 존중하기 때문에 '작은 정치'가 주목을 받고 있는 것이다. 다시 말하면 동네는 이웃과 공동체를 배려하는 수평적 관계를 지향하기 때문에 주목받고 있다고 할 수 있다.

풍요와 행복은 다르다. 왜 그럴까? 주관적 행복도와 삶의 질을 좌우하는 객관적 조건이 정비례하지 않기 때문이다. 소득이 높아지면 삶의 만족도가 커지지만 삶의 필수요소가 갖춰지게 되면 행복에 큰 영향을 미치지 않게 된다. 이 점에서도 자본주의 중심축인 국가와 개인 사이에 위치한 공동체인 동네의 작은 경제가 다시금 주목받는 이유이다.

동네에는 다양한 유·무형의 자원이 있다. 주민들이 개인 재산 외에도 수많은 물적 자원이 포함되어 있다. 각종 문화재와 유적지 같은 공유지뿐 아니라 마을회관, 경로당 등의 공공건물과 토지도 있다. 또한 동네의 문제를 해결하는 동력인 다양한 형태의 단체가 있고, 동네 구성원의 각자의 소질과 특성 또한 매우 소중한 자원이다. 구성원들은 각자의 위치에서 주어진 일을 자발적으로 수행하며 동네의 대소사에 적극 참여하여 활력을 부여한다. 이러한 핵심적 자원들이 동네의 정체성을 이루고 있는 것이다.

동네가 주목받는 다른 이유를 한번 살펴보자. 동네는 기본적으로 국가라는 커다란 울타리 안에 형성된다. 따라서 국가의 형태에 따라 동네의 경제원리가 결정될 수밖에 없는 것이다. 그렇다고 해서 자본주의의 속성을 그대로 드러내고 있다고 말할 수도 없다. 동네 단위의 공유개념과 공유의식은 자본주의적 속성과는 그 양상이 사뭇 다르기 때문이다. 물론 동네에서도 사유권과 사적 이익의 추구가 온전하게 인정된다. 하지만 한편으로는 동네에서는 주민들 공통의 몫을 염두에 두는 전통이 있다. 이곳에서는 전통적으로 '십시일반'과 같은 배려의 경제원리가 작동하고 있다. 우리가 동네를 다시금 주목하는 이유는 이 경제원리의 큰 힘을 알게 되었기 때문이다.

동네 주민들은 수익을 전부 분배하지 않고 일정한 몫을 떼어 공동의 사업을 전개할 수 있는 종자돈으로 활용한다. 현재 활발히 생겨나고 있는 협동조합은 동네의 이러한 전통적 경제원리가 현대화되어 나타난 것이라고 볼 수 있다. 조합원들은 각자 형편에 맞게 자본금을 출자해서 사업을 하고 수익이 발생하면 조합원 각자에게 돌려준다. 물론 이 수익 중의 일정 부분은 재투자해서 협동조합을 위해 사용한다. 이러한 공유의 경제원리를 활용하여 대규모 협동조합을 성장시킨 사례는 무수히 많다.

이처럼 동네 단위에서 전개해왔던 상부상조의 경제원리가 새로운 사회를 만들어가는 핵심 원천으로 주목받고 있다. 동네가 실현해왔던 공유경제가 새롭게 부상하고 있다. 더불어 동네 공동체를 활성화하기 위한 '공동체 비즈니스'가 활발하게 움직이고 있다. 공동체 비즈니스는 지역 주민들이 주체가 되어 지역 자원들을 활용해 지역의 문제를 비즈니스 방식으로 풀어가는 사업이나 활동을 일컫는다.[10]

이 비즈니스 방식이 급부상한 이유는 효율성과 이익만을 중시하는 기존의 자본주의적 경영방식만으로는 더 이상 일자리 창출이나 복지 향상을 기대할 수 없다는 판단에 따른 것이다. 이제 지역의 현안인 그 문제들을 지역 안에서 스스로 해결해나가게 된 것이다.

공동체 비즈니스의 한 유형으로 동네기업이 있다. 동네기업 혹은 마을기업은 주민들이 동네의 자원을 활용해 사업을 벌인다. 또한 새로운 일자리를 창출하여 소득을 올리는 한편, 공동체를 복원하고 동네복지를 자조적으로 해결하고 있다. 방치되어 있던 자원을 발굴하고 창의와 협업을 통해 새로운 가치를 만들어냄으로써 수익이 발생하게 되니 자연히 동네에 활력소가 되고 있다.

공동체 비즈니스의 또 다른 모델은 광범위한 영역에서 생겨나고 있는 사회적 기업을 들 수 있다. 사회자본을 기반으로 공동체를 활성화하고 지속 가능한 사회를 지향한다는 점에서 동네기업과 유사하지만, 소외 계층의 일자리 창출에 초점을 맞춘다는 점이 다르다. 사회적 기업은 주주들의 이익을 우선하기보다는 인간적이고 환경적인 가치를 높이고 극대화하는 것을 기업의 우선 전략으로 삼는다. 이를 통해 지속 가능한 경제를 만들고 사회통합을 도모하려고 한다. 요즘은 공유경제가 새로운 대안으로 떠오르면서 협동조합도 다시 탄력을 받고 있다.

이전의 경제는 개인이나 국가 전체 차원의 이윤을 극대화하는 것을 최우선의 목표로 삼고 있었다. 하지만 최근에는 이윤보다 다양한 공동의 가치를 추구하는 경제현상이 곳곳에서 나타나고 있다. 이윤 추구에만 집중하는 경제학만으로는 이제 모든 경제현상을 분석하고 대안을 제시하는 데 한계가 분명해졌다.[11] 그래서 공동체를 강조하는 동네 단위에서 삶이 경제적 이윤 못지않게 중요하다고 보게 되었다. 동네 단위에서의 지속 가능한 삶을 중시하기 때문에 동네 단위의 경제가 주목받고 있는 것이다. 동네의 작은 경제는 이윤보다 목적과 동기, 가치, 의미 등을 중시하기 때문에 공유경제와 동네공동체가 활성화될 수밖에 없는 것이다. 동네는 이제 1~6차 산업의 융합을 통해 지속 가능한 경제적 방안이 구체화될 수 있는 공간이다. 또한 동네가 자족 가능한 가장 작은 단위의 완벽한 사회적 구성체이기 때문에 희망을 공간으로 떠오르고 있는 것이다.

쉬고 기대고 서로를 돌아보는 곳,
　　인간의 행복할 권리를 실현하는 동네이야기...

2장

동네복지의 가치

02

동네복지의 가치

일부에게만 혜택을 제공하는 선별적 복지와 모든 사람들에게 동일한 혜택을 주는 보편적 복지에 대한 논쟁이 진행되고 있다. 자신의 정치적 입장이나 복지에 대한 소신이 다르기 때문에 그 논쟁은 뜨거울 수밖에 없다. 나는 이 논쟁을 지켜보면서 정치인들이나 국민들이 복지에 대해 많은 오해를 하고 있다는 것을 알게 되었다.

가장 대표적인 오해는 선별적 복지보다 보편적 복지가 예산이 많이 든다고 생각하는 것이다. 하지만 복지 혜택을 제공해야 할 사람과 아닌 사람을 어떻게 구별할 수 있을까. 이 조사에는 많은 비용이 들어간다. 선별주의는 보편주의에 비해 결코 예산이 적게 들지 않는다. 또한 선별주의는 여러 부정적 결과들을 초래한다. 낱낱이 조사한다고 하지만 선별과정에서 빠지는 사람이 발생할 수 있다. 또

선별된 사람들은 가난한 사람이라는 낙인이 찍힌다. 반대로 복지는 가난한 사람들을 위한 것이지 자기와는 아무런 상관이 없다는 반복지의식이 팽배해진다.

선별주의 복지정책을 시행하고 있는 미국은 아직도 복지기피국가로서 불평등이 심하고 범죄발생률이 높다. 그에 비해 보편주의 정책을 시행하고 있는 북유럽은 훨씬 평등하고 인간적인 사회를 만드는 데 성공하고 있다. 사실 선별주의에 비해 보편주의 정책을 펴는 국가의 재분배 효과가 크고, 소득의 분배도 양호한 편이다. 어쨌든 현재 우리 사회에서 경제의 본질적인 문제라는 생산과 소비만큼이나 복지의 중요성이 날로 커지고 있는 것만큼은 사실이다.

2008년 세계 금융위기를 겪으며 우리는 자본주의의 실상을 목격했다. 계층구조는 더욱 악화되자 소비가 둔화되었고, 경제의 선순환 구조가 불안해지면서 지속적 성장이 불가능하게 되었다. 엎친 데 덮친 격으로 지속적인 저출산, 고령화는 우리 사회의 생산성, 소비능력을 꾸준히 저하시키고 있다. 이러한 현상은 복지 측면에서 비용의 급상승을 야기한다. 복지를 필요로 하는 사람은 늘어나는데 복지에 투입할 재정은 점점 줄어들고 있다. 더 이상 국가의 복지만을 기대할 수는 없는 상황에 직면하게 된 것이다. 이러한 상황을 극복하게 해줄 하나의 대안으로 동네복지와 같은 '작은 복지'가 주목받게 된 것이다.

이제 복지에 대한 인식의 대전환이 필요한 시점이다. 동네복지는

국가복지에서 동네복지로

재정에 의존하지 않고 주민들이 스스로 문제를 해결하는 것이 특징이다. 동네는 국가가 복지를 제공하기 이전부터 주민들이 자발적으로 자족적이며 지속 가능한 방식으로 해결해왔다.

국가가 제공하는 복지는 반세기도 못가서 한계를 드러내고 있다. 성장 중심의 탐욕을 멈추지 않는 자본과 선심성 공약을 무분별하게 남발하는 정치인들에 의해 제공된 복지는 대폭적인 축소나 파경으로 이어질 공산이 크다. 우리가 동네복지를 다시금 주목할 수밖에 없는 상황에 직면해 있다는 이야기이다.

우선 동네복지는 세금에 의존하지 않는다. 동네 구성원이 자발적으로 제공하는 서비스를 바탕으로 복지가 실현된다. 동네나 커뮤니티가 자발적으로 참여하는 복지를 정착시켜나가는 것은 복지의 전달 주체가 국가에서 동네로 전환한다는 말이다.

우리나라에 지방자치제가 실시된 지 20년이 되었다. 이 기간 동안 우리는 동네복지가 왜 필요한지를 절감하게 되었다. 우리는 이제 동네가 가지고 있는 사회자본, 민간의 자발적 참여를 유도하는 협력적 거버넌스, 동네의 공공성을 초점을 맞춘 인큐베이팅 시스템이 훌륭하게 기능하도록 해야 하는 시점에 와 있다. 나는 동네가 바로 그것이 충분히 발휘될 수 있는 곳이라고 믿는다. 동네는 주민참여의 출발점이다. 따라서 지방자치의 이상에 근접하는 동네자치는 아무리 강조해도 지나치지 않다.

1. 동네 사회자본

우리나라에는 오래 전부터 동네에는 세 가지 사회자본이 있었다. 동네에서 시스템적으로 운영되었던 두레와 품앗이, 그리고 계가 그 것이다. 이 세 가지 시스템은 동네 구성원들의 생존에 꼭 필요한 협력방식으로 동네의 상황에 맞게 오랜 기간 동안 체계화되었다.

우선 두레는 이앙법(모내기)의 도입과 함께 시작되었다. 모내기철 은 소농들에게 일손이 집중적으로 필요한 시기였다. 두레는 이 시기에 효율적으로 일손을 조달하여 공동의 문제를 해결하는 노동력 동원 시스템이었다. 모내기철은 1년 농사의 성패를 좌우하는 가장 중요한 시기였기 때문에 능률적인 노동방식이 필요했고, 이를 위해 동네 단위의 조직화가 절실했다. 그래서 나온 것이 두레였다. 서로 여건이 비슷한 소농들이 동네 단위로 규칙을 정해 체계적으로 공동 노동을 했던 것이다. [12]

두레 조직은 농사뿐만 아니라 노인이나 환자, 고아, 과부 등 어려운 처지에 있는 사람들을 돌보는 기능도 하고 있었다. 이 기능은 두레가 동네복지의 기능을 부분적으로 담당했음을 보여주는 사례이다. 개인이나 가족만으로는 극복하기 어려운 문제를 동네 공동체가 함께 헤쳐 나갔던 두레야말로 동네에 내재한 전통적인 사회자본의 핵심이라고 할 수 있다.

두레가 마을 전체나 일부 집단에서 강제성, 규칙성이라는 구성

요소를 바탕으로 기능한다면, 품앗이는 개인적 성격을 지니고 있다. 품앗이는 쌍방, 즉 베푸는 측과 베풂을 보상하는 측이 있어야 한다. 두레와는 달리 개인적 친분에 따라 자율적이고 불규칙적인 정(情)의 원리에 의해 작동된다. 구성원 간의 관계 방식에 의해 이루어지기 때문에 대개 그 범위는 같은 동네, 인접한 동네로 한정된다.[13] 또한 연령이나 성별의 차이가 있기는 해도 신분이나 계층적 경향성은 없다. 적어도 동네 단위별로는 수평적인 관계 속에서 기능한다고 할 수 있다.[14] 특히 주목할 만한 점은, 품앗이가 동네 단위에서 특정 행위를 불러일으키는 근본 동기로 작용하고 있을 만큼 편재되어 있었다는 사실이다. 품앗이의 개념이나 종류는 품앗이 관계를 적극적으로 유지하려는 주민들에 의해서 이루어진다. 뿐만 아니라 동네의 전통이나 사회경제적 구조에 따라 다른 양상으로 나타난다. 그래서 동네를 이해하고, 동네 구성원들 간의 실질적 관계를 이해하는 데 품앗이만큼 중요한 것도 없다.

계는 구성원들의 공동 목적을 수행하고 달성하기 위해 자발적인 참여와 합의, 약속으로 조직된 모임이나 단체를 말한다.[15] 가장 큰 특징은 계가 자본의 성격을 지니고 있다는 것이다. 계는 우리나라의 독특한 사회제도이자 조직형태이다. 계의 결성 기준은 매우 다양하다. 지역이나 신분, 연령, 혈연, 성, 직업 등에 따라 복합 중층적으로 결성된다. 이 중에서 동네 단위의 계가 일반적인데, 동네에서 생활과 생업을 함께 하는 공동체로서 어떤 단위보다 긴요하고 효율적이기 때문이다. 계의 구성은 일반적으로 다음 세 가지의 특성을 지닌다. 첫째, 계는 구성원 개개인의 관심과 이해가 우선된다.(개체성) 둘째, 계의 집행부와 계원들 사이에 그 어떤 상하의 위계도 존재하지 않는다.(평등성) 셋째, 기본적인 규약을 정해서 운영된다.(합리성)

이처럼 동네는 오랜 세월을 거치면서 저마다 자율적인 시스템을 구축하고 유지하고 발전시켜 왔다. 물론 그 방식은 동네가 처한 상황과 여건에 따라 차이가 있지만 이들 시스템을 일반적으로 '사회자본'이라고 할 수 있다. 사회자본은 구성원들의 상호 관계 속에서 존재하는 자원을 말한다. 공동체나 관계망이 형성되어야 비로소 작동한다. 개인이나 공동체에게 이 사회자본이 풍부하면 자원을 보다 손쉽게 획득하고, 위기에서도 쉽게 벗어날 수 있다.

그렇다면 동네의 사회자본이 구성되려면 어떤 요소가 필요할까? 우선 공동체에 참여하는 구성원이 있어야 하고, 공동의 목적이 있어야 하며, 규범, 신뢰, 동류의식, 일상생활의 사회성 등이 포함된다고 볼 수 있다. 이 가운데 신뢰는 특히 동네사람들 간의 관계를 구성하는 필수적인 요소이다. 신뢰를 바탕으로 해야 동네 공동체가 구축된다. 소통과 신뢰를 통해 만들어진 동네 단위의 사회자본은 주민들 간의 유대와 협력을 이끌어내는 매우 중요한 요소이다.

동네의 공유 가치나 목표에 따라 개인의 혜택에 제재를 가하기도 하는데 이때 필요한 요소가 규범이다. 규범은 개인 또는 집단이 문제를 용이하게 해결할 수 있게 해준다. 참여는 사회자본이 형성되기 위한 기초 구성요소이다. 주민참여는 지역 공공의 문제나 동네 행사에 호의적인 참여를 이끌어내기 위한 중요한 요소로 작용하기 때문이다.

이렇듯 동네에서의 사회자본에 대한 논의는 사람 사이의 '관계'에 집중하고 있음을 알아차렸을 것이다. 관계는 단순히 만남을 의미하지 않는다. 관계는 사람들을 묶어주는 지속적인 힘을 의미한다. 이 적극적인 관계를 통해 맺어진 공동체는 특정한 공간을 기반으로 해서 구성원들이 '대면적으로 접촉하며' 서로가 가진 다양한 욕구들을 충족시켜 나간다. 또한 그 과정에서 공통의 정체성과 소속감이 생기며 함께 목표를 향해 매진하면서 특유의 연대감이 형성된다.[16]

동네는 이러한 특성이 가장 잘 드러난 공동체라고 할 수 있다. 또한 동네는 공동체를 바탕으로 이웃이 이웃을 돕는 자발적인 복지가 가장 잘 구현될 수 있는 곳이다. 이것이 바로 동네복지가 필요한 결정적인 이유이다. 동네에서는 두레, 품앗이, 계와 같은 관계망을 통하여 사회자본이 자연스럽게 형성될 수 있기 때문이다.

2. 동네 거버넌스

동네복지의 중요성을 인식한 주민들은 이웃들과 함께 동네의 문제를 해결하려 한다. 동네의 활동가들은 주민을 선도한다기보다는 함께 살아가며 경험을 나누는 촉진자 역할을 하고 있다. 따라서 시민을 시정의 책임자로 인식하는 행정은 이러한 동네복지의 흐름에 발을 맞추는 복지행정 시스템을 만들어야 하는 과제가 주어졌다. 그것은 단기적인 복지정책이 아니라 장기적이고 통합적인 지원 시스템을 갖춰야 한다.

동네복지에 있어서 이러한 민관의 역할을 서로 분담하는 협력적 거버넌스는 이제 시대의 흐름이 되었다. 시민의 참여를 끌어내지 않는 한 국가의 복지정책이 제구실을 하기 어렵다. 협력적 거버넌스는 관이 민을 포섭하는 방식이 아니다. 가장 염두에 두어야 할 것은 민의 주도성과 자율성이다. 행정이 자기 위치를 스스로 변화시키고, 자율성을 바탕으로 민이 주도적으로 참여해야만 협력적 거버넌스가 성공할 수 있다. 민도 관도 협업과 소통의 경험을 쌓아가려는 절실한 노력이 필요하다.

당사자가 모두 위험을 감수할 의사를 갖고 있는가. 이것이 신뢰의 핵심이다. 상대방의 관행적 행동이나 실수 때문에 발생할 수도 있는 피해를 감수할 용의가 있느냐는 것이다. 관은 시민사회가 축적해온 경험과 동네에서 발휘해온 창의를 존중해야 한다. 그래야만 진정한 협력적 거버넌스, 주민 주도의 협치가 결실을 맺을 수 있다. 그렇지 않으면 주민은 시정의 주인으로서, 관과 대등한 파트너로서 참여할 수 없게 된다.

협력적 거버넌스가 원활하게 작동하기 위한 첫 번째 조건은 주민 스스로 자신의 생활문제를 이웃과 함께 해결해보겠다고 마음먹고 나서는 것이다. 관에서 제공하는 프로그램을 제공받는 소비자가 아닌 문제의 당사자이자 해결의 주체로 나설 때 비로소 주민들의 생활 관계망이 만들어진다. 그 관계망이 촘촘해질수록 동네는 더욱 성장하게 되는 것이다. 더 나아가면 자신의 일을 이웃과 함께 하는 것을 넘어 자기 생활과 관계없이 이웃을 위해 일을 하게 된다. 자신이 하는 일이 동네 주민들을 위한 일이 아니라 모두의 일이고, 자신 역시 그 모두에 속한 한 사람의 주민으로서 그 일을 수행하는 것이다. 그렇게 되면 일상적으로 더불어 살아가게 되고, 그 과정에서 공감과 협동의 호흡을 몸으로 터득하게 된다.

　　동네의 풀뿌리 단체들도 그 역할이 중요하다. 이 단체들은 주민 간의 연결이 더욱 활성화될 수 있도록 지원하되, 주민들의 자발적인 생활 관계망을 만드는 것에 중점을 두어야 한다. 주민활동의 목적과 성과가 단체의 활성화가 아니라 주민 그룹의 형성과 주민 내부의 리더십 형성으로 귀결되어야 하기 때문이다. 풀뿌리 단체들은 주민을 계몽하고 지도하는 기능에 머물지 않고 더불어 살아가며 돕는 동반의 문화를 촉진해야 한다. 거버넌스 파트너 역할도 중요하다. 다양한 영역에서 벌어지는 동네의 활동에 있어서 협업과 융합의 촉매가 되어야 하고, 주민을 대변하며 민관의 협력을 이끌어내야 한다. 또한 동네에서 만나고 융합할 수 있는 네트워크를 통해 다양한 연결 관계를 실상과 차이를 고려한 생활 관계망을 만들어나가야 한다.

정부도 동네의 지속가능성과 자발성이 더욱 더 발양될 수 있도록 지원을 아끼지 않아야 한다. 필요를 느끼는 주민들은 기본적으로 자신의 자원을 내놓고, 이웃들로부터 필요한 자원을 끌어온다. 자신의 일이라고 느끼기 때문에 자기 것을 내놓을 수 있고, 성취감도 더 높을 수밖에 없다. 이러한 자발성은 궁극적으로 그 일의 지속성을 담보해준다. 하지만 돈이든 품(노력)이든 스스로 조달하는 것이 충분할 리 없다. 바로 이때 국가가 나서야 하는 것이다. 주민들이 애를 쓴다 해도 기본적으로 모자란 부분은 정부가 메워주고 보충해주어야 한다. 비록 정부가 모자란 돈을 보충해주었다 해도 주민들은 자신들의 재물과 마음이 들어간 것이기 때문에 해당 일에서 주인이라는 사실을 절대 잊지 않는다. 이러한 주민의식은 정부 정책을 효과적으로 추진하는 데 결정적인 조건이 된다.

그렇다고 정부(공공)의 지원이 꼭 2차적이어야 할 이유는 없다. 먼저 마중물 차원에서 지원하고, 주민들의 자발적 참여가 싹튼다면 우선 지원해야 한다. 정부는 민간이 자립의 기초를 갖추고 지속 가능한 토대를 마련할 수 있도록 지원하면 되는 것이다.

정부가 하는 보충적 지원도 세심할 필요가 있다. 동네에 어떤 지원이 필요한지, 주민들의 준비 정도와 열의는 어느 정도인지, 스스로 조달할 수 있는 자원은 얼만큼인지를 살펴서 알맞게 지원해야 한다. 동네의 토대가 거의 없거나 아직 취약하다고 판단될 때는 '마중물과 같은 선제적 지원'을 해야 한다. 펌프로 물을 길어 올리려면 마중물 한 바가지가 꼭 필요한 이치이다. 취약 계층에 대한 지원이 이에 해당한다. 이것은 씨앗을 뿌리는 가장 중요한 단계라고 할 수 있다. 이럴 때에도 정부는 최소한으로 지원하는 게 좋다. 주민 누구라도 가볍게 여기고 도전할 수 있어야 다양성이 확보되기 때문이다. 특히 취약 계층은 누구보다 동네복지가 절실히 필요하지만 동네공동체를 일굴 여력이 없기 때문에 끈기를 가지고 마중물 지원을 해주어야 한다.

또 다른 맞춤형 지원 형태로 '불쏘시개 지원'이 있다. 이미 씨앗이 심어지고 주민 스스로의 힘으로 활동하고 있는 동네에 지원하는 형태라고 할 수 있다. 아궁이에 불이 붙기 시작하면 불쏘시개로 조금만 들쑤셔주면 불길이 번지면서 금방 나무에 벌건 불씨가 붙는 것과 같은 이치이다. 주민의 주도와 정부의 보충적 지원이 잘 적용되어 시너지가 생기는 영역이다. 하지만 이 불쏘시개 지원도 지원 내용이 저마다 달라야 한다는 점에 유의해야 한다. 동네복지는 동네에서 벌어지는 다양한 일들이 서로 연결되면서 고유한 방식과 단계로 성장하기 때문이다. 공간에 대한 요구가 그 중 공통적인 것이다. 동네복지가 결국 이웃과의 관계망이기 때문에 그 관계의 허브, 만남의 장소, 활동의 거점이 바로 동네의 공간이 되는 것이다.

3. 동네 인큐베이팅

동네복지 정책은 일종의 공공성회복 정책이다. 공공성 회복은 주민의 주체화가 전제되어야 한다. 주민이 직접 나서서 요구하고 함께 해결해야 하는 것이다. 그래야만 정치인들이 위임 받은 권력을 허투루 쓰지 못하게 된다. 시민단체도 그런 기반이 조성돼야 더욱 활발하게 시민의 입장을 대변할 수 있다. 하지만 시민사회의 자원 조달 여력은 갈수록 고갈되고 있다.

정부나 공공기관 주도의 위계적 거버넌스는 더 이상 대안이 될 수 없다. 이제는 시민사회와의 협력적 거버넌스라는 토대 위에서 주민이 주도하고 주체가 되어야만 창의와 활력이 넘치게 되고, 공공성이 회복될 수 있다. 이런 인식의 전환에 따라 행정의 자원배분 방식도 동네 지향적이고 주민 친화적으로 혁신해야만 하는 것이다.

주민의 참여가 생활 차원에서 출발해야 자발성이 발휘되고 지속성이 확보된다. 주민의 자발적 참여는 내 생활상의 필요와 해결 욕구에 닿아 있어야 가능하다. 그것이 자연스럽게 제도의 개선으로까지 이어질 수 있다. 생활적이어야 하는 이유는 친밀하게 맺어진 이웃들과 생활의 문제를 하소연하고 궁리하며 방법을 모색할 때 일상성과 지속성이 생기기 때문이다.

동네복지는 주체가 일반 주민인 만큼 누구나 참여할 수 있는 '만만한' 프로그램이어야 한다. 그러려면 프로그램 실행의 사전단계는 물론이고, 실행 단계와 종료 이후의 단계에도 세밀하고도 대면적인 컨설팅이 필요하다. 일반 주민들은 시가 지원하는 사업이 무엇인지 일일이 알기 어렵다. 동네일에 적합한 지원 사업이 무엇인지 판단하기도 쉽지 않다. 관공서를 출입하는 것도 어려워하는 주민들이 나랏돈을 요청하는 것이 만만하겠는가. 이것을 만만하게 생각하게 하려면 사업신청 단계에서부터 세심하고 친절한 상담이 필요하다. 그래서 앉아서 기다리는 게 아니고 찾아가는 상담 서비스가 필요한 것이다.

동 주민센터에서는 사회복지사가 매일 방문 상담을 운영한다. 당사자 복지에 우선하여 그들의 어려움을 듣고 상의해서 해결방안을 찾도록 지역주민과 함께 노력하는 것이다. 이러한 만남이 처음에는 다소 어색하지만, 이렇게 맺어진 관계가 지속되면서 동네복지로 이어지게 되는 것이다.

동네복지는 우연성이 큰 정책이다. 동네사람들을 대상으로 하는 사업이기 때문에 언제 어떤 일이 생길지 모른다. 특히 어려움에 처한 사람을 대상으로 하기 때문에 더욱 어렵다. 그래서 복지정책을 진행하면서 생기는 문제를 상시적으로 체크하는 시스템이 필요하며, 반드시 찾아가는 컨설팅 지원이 뒤따라야 하는 것이다. 컨설턴트는 해당 분야의 전문가와 함께 동네 활동가도 참여해야 한다. 코앞에 닥친 문제의 해결책을 이리저리 의논하며 스스로 방법을 찾도록 도와주는 사람이 필요하기 때문이다. 이러한 일들을 할 수 있도록 동네의 통장을 복지통장으로 임명하고, 이웃 주민이 어려운 이웃을 돕는 지킴이 활동이 필요한 것이다. 이러한 활동가들의 대면적이고 일상적인 멘토링 서비스는 일반주민들의 복지 참여와 연결을 촉진하는 데 결정적인 역할을 하게 된다.

이처럼 동네복지는 이웃이 이웃을 돕는 복지체계로 주민들이 생활의 다양한 필요를 직접 해결해가는 과정이다. 따라서 주민들 스스로 목표를 정하고, 스스로 그 달성 여부를 진단하도록 하는 것이 바람직하다. 그래야 참여한 주민들이 스스로 배우고 깨닫고 성장해가면서 자연스럽게 동네에서의 인큐베이팅 시스템이 마련되는 것이다.

4. 국가복지에서 동네복지로의 전환

지난 2010년 6.2 지방선거는 복지에 대한 국민적 관심이 집중된 때였다. 당시 공공급식을 둘러싼 논쟁에서 시작된 보편적 복지 논쟁은 우리나라의 정치사와 복지사에 한 획을 긋는 일대 사건이었다. 특히, 선거가 끝난 뒤 논쟁은 정치권과 언론에 의해 더욱 증폭되어 공공보육, 공공의료 영역까지 번졌다. 나아가 복지재정 확보를 위한 증세 등 복지국가에 대한 이념과 정책수단 등에 대한 논쟁으로 이어졌다.[17]

최근 생활고를 비관하여 생을 마감한 세모녀 자살사건에서 대변되는 신빈곤 문제나 장애아동을 키우기 위하여 경제적 부담을 견디지 못해 번개탄을 피워 동반 자살한 부모, 치매노인 부양의 어려움으로 동반 자살한 자녀, 24년 동안 시설에서 생활하다 사회로 나와 활동보조를 신청했으나 낮은 장애등급으로 지원을 받지 못해 화마에 휩싸여 목숨을 잃은 장애인 등 안타까운 민생의 현안들은 복지 패러다임 전환의 필요성을 웅변하고 있다. 단순히 복지정책의 확대를 말하려는 게 아니다. 새로운 패러다임은 연대의 정신에 기초한 복지여야 한다. 기존의 시장 중심적이고 공급자 중심적인 복지전달체계의 문제를 해결해야만 하는 것이다.[18]

시장 중심적인 복지전달체계는 정부나 지역사회에서의 돌봄과 보살핌을 개별적인 욕구나 필요라고 인식한다. 즉, 국민 개개인은 시장에서 복지상품을 각자 구매하여 불확실한 미래를 준비해야 한다고 보는 것이다. 이 체계는 복지 과제를 온전히 보험이나 금융상품 등의 사보험에 의지하여 각자 해결해야하는 개인의 일로 간주한다. 물론 정부가 공공성을 띤 사회보험의 보장성을 강화한다면 어느 정도 해결될 문제이지만 복지문제를 국민에게 전가하여 이중 삼중고의 어려움에 직면하게 만든다. 있는 사람들에게는 깔끔한 방법일 수 있지만, 없는 사람들에게는 빈곤의 악순환에서 허우적거리게 만드는 최악의 방법이다.

반면, 공급자 중심적인 복지전달체계는 공공의 복지자원을 개인에게 일방적으로 전달한다. 이 방법은 오로지 공공의 복지자원을 효율적 전달에만 초점을 맞추다보니 복지자원의 고객인 수혜대상자를 고려하지 못하는 결과를 초래한다. 말하자면 복지자원의 고객을 삶의 주체로서의 수혜자가 아닌 수동적인 대상자로 전락하게 만든다. 또한 시·도, 시·군·구, 읍·면·동을 통해 전달하는 과정에서 오로지 전문성, 효율성에만 초점을 맞추다보니 연대의 정신에 기초한 생활관계망이 무시되어 버리는 결과를 초래하고 있는 것이다.

이에 반해 가정과 지역사회에서 이루어지고 있는 돌봄서비스는 사적이고 친밀한 관계에서 서로 신뢰와 책임을 공유하며 제공되기 때문에 복지서비스의 만족도가 그 만큼 높게 나타난다. 동네사람들이 일상적으로 돌봄이 필요한 주민을 보살피고, 필요한 물자와 도움을 줄 수 있는 주민을 찾아 연결하기 때문에 두터운 복지서비스가 제공될 수 있다. 이렇듯 동네 관계망을 활용하여 복지전달체계를 재구성하는 것이 시장과 공급자 중심의 복지전달체계의 문제를 어느 정도 보완할 수 있다고 보는 것이다.

왜냐하면 복지전달체계에서는 필요한 복지를 어떻게 결정하고 어떻게 충족시켜 주느냐가 가장 근본적인 문제이기 때문이다. 시장 중심적인 복지전달체계나 공급자 중심의 일방적 복지체계의 가장 큰 문제점은 복지수혜자를 수동적인 대상자로 고착시켜서 주민이 지역사회에서 주체적으로 참여할 기회를 박탈하는 것이다. 복지수혜자가 생활의 주체가 되어 문제를 스스로 해결해 나가지 못하도록 만든다. 복지수혜자를 단순히 복지서비스 대상으로 취급하지 말고 생활의 주체로서 지역사회에 참여할 수 있도록 해야 한다. 그런 점에서 복지전달체계의 재구성이 요구된다. 강조했듯이 이 체계는 지역사회 관계망 속에서 복지서비스가 제공될 수 있도록 고려해야 한다.

지금까지의 복지가 주로 경제적 빈곤에 집중해왔다면, 현재는 사회적 배제와 단절과 같은 상대적 빈곤감이 더욱 심각한 사회문제로 떠오른 만큼 세심한 주의가 필요하다. 이때 복지자원을 전달받는 수혜자가 생활의 주체로서 자존감을 갖게 되고 더불어 살아가도록 하는 데에 초점을 맞춰야만 하는 것이다. 일상생활 속에서 이웃들이 서로의 사연과 형편을 공감해주고, 그 공감한 만큼 함께 문제를 해결해나가는 그런 복지전달체계로의 전환이 필요한 시점이다. 이것이 바로 복지 패러다임의 전환을 통한 동네복지의 시작이 될 것이다.

'서초 세 모녀 살인사건' 가장의 범행 이유는?

서울 강남에 11억 원짜리 아파트를 소유한 40대 가장이 아내와 두 딸을 살해한 '서초 세 모녀 살해 사건'은 절대적 빈곤 못지않게 '상대적 빈곤' 또한 한국 사회에 균열을 일으킬 위험요소임을 드러냈다. 피의자 강모(48)씨가 살던 서울 서초동 R아파트는 검찰청·법원 등이 인접해 '주민의 3분의1 이상은 법조인'이란 말이 나올 만큼 손꼽히는 주거지다. 인근 W초등학교의 학업성취도가 서울의 공립초등학교 중 최상위권인 데다 S중, B고로 이어지는 학군은 강남 학부모 사이에서도 선망의 대상이다.

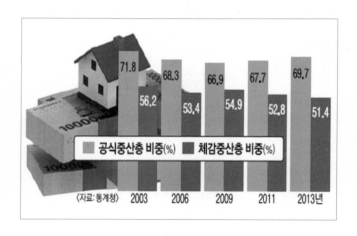

잘 사는 이웃에 심적 스트레스! '상대적 빈곤감'이 키운 절망

주식투자 실패에도 8억 원 안팎의 자산이 남은 강 씨가 살해 동기로 '미래에 대한 불안감'을 언급한 데 대해 다수의 '보통사람'들은 공감하지 못했다. 하지만 9일 만난 R 아파트 주민들은 강 씨의 말에 일정 부분 동의했다. 카페를 운영한다는 A씨는 "이곳 사람들의 기본 생활비는 월 500만 원"이라며 "월급쟁이들은 많아 봐야 한 달에 1000만 원 남짓 벌 텐데 500만 원을 생활비로 쓰고 그에 못지않게 가족 해외여행 등 품위 유지비를 쓰면 밑 빠진 독에 물 붓기"라고 말했다. 주민 B씨는 "(강 씨는 실직 이후) '바닥을 치는 기분'을 느끼기 싫었을 것"이라며 "예컨대 집을 팔아 강남을 벗어나 치킨집을 한다면 수치스럽다는 게 이곳의 정서"라고 전했다.

사는 곳과 타는 차, 직업 등으로 개인을 평가하는 왜곡된 문화 탓에 자신도 모르는 사이 나락으로 떨어지는 중산층은 비단 강 씨뿐이 아니다. '부촌'인 도곡동의 T주상복합 아파트에도 상대적 빈곤층은 존재한다. 한 공인중개사는 "'T 주민'이란 이름에 혹해 무리해서 들어오는 사람들이 주로 17평(56㎡) 등 작은 평수를 찾는다"며 "사람들이 T 아파트에 사는 게 중요하지 몇 평에 사는지까지는 물어보지 않기 때문"이라고 말했다.

전문가들은 갈수록 '상대적 빈곤층'이 늘어나는 만큼 그에 따른 부작용도 커질 것이라고 지적했다. 통계청에 따르면 글로벌 금융위기 이후 '중위소득(전체 가구의 소득순위를 매긴 뒤 정확히 가운데를 차지하는 가구의 소득)의 50~150%'를 뜻하는 중산층 비중은 꾸준히 늘고 있다. 그러나 스스로 중산층이라고 생각하는 비율을 뜻하는 '체감 중산층' 비중은 줄어들고 있다. 윤석헌 숭실대 금융학부 교수는 "양극화가 심화하면서 수치상 '중산층'에 속하는 사람도 상대적으로 경제적 형편이 나은 사람들이 부를 축적하는 걸 보며 박탈감을 느끼게 된다"고 말했다.

김수한 고려대 사회학과 교수는 "다른 곳에 사는 사람들은 강 씨에 대해 '그 정도면 잘 산다'고 생각할 수도 있지만 스스로는 '실패했다'고 생각한 것 같다"며 "특히 고도성장 과정에서 풍족하게 성장한 40~50대는 후퇴에 익숙하지 않다"고 설명했다. 신광영 중앙대 사회학과 교수는 "자식교육이나 체면 때문에 무리해서 강남에 사는 사람들이 신분상승 등 강남의 허상에서 벗어나는 게 중요하다"고 지적했다.

서울신문, 2015. 1. 10

과거에는 빈곤은 절대적 빈곤을 일컬었다. 하지만 서초 세 모녀 살인사건은 빈곤에 대해 기존에 가졌던 사고를 수정하기를 요구한다. 지금은 먹고 사는 것만이 문제가 아니라 오히려 상대적 빈곤에 더욱 주목해야 하는 시대에 살고 있는 것 같다. 상대적 빈곤감이 기저에 깔린 서초 세 모녀 살인사건을 접하면서 나는 우리의 행복지수가 떠올랐다. 2012년 영국 신경제재단(NEF)이 발표한 국가별 행복지수 조사 결과 151개국 중 1위가 코스타리카이고, 우리나라는 63위였다.[19]

조사기관에 따라 조금씩 달라지긴 하겠지만 국민의 행복감이라는 것이 국내총생산(GDP) 순이 아니라는 것만은 확실하다. GDP는 경제성장의 질을 담고 있지 않기 때문이다. 소득 분배의 형평성이나 복지 수준 같은 삶의 질이 반영되지 않고, 성장은 했으되 분배의 통로가 막혀 있다면 GDP는 대다수가 체감할 수 없는 허수에 불과하다. 그것을 해결하지 않고서는 40평의 아파트에 외제차 그리고 4억여 원의 예금을 둔 가장이 느끼는 박탈감과 극단적 선택을 막을 길이 없을 것이다. 소득은 많지만 행복지수는 낮은 나라! 사람들에게 어울려 사는 것이 얼마나 큰 행복인지 실감하게 해야 한다. 남녀노소, 부자와 빈자, 장애인과 비장애인이 각자의 모습으로 어울려 살아가는 동네에는 행복과 불행의 담장이 붙어 있다. 이웃은 어우러져 슬픔을 나누고 기쁨을 배가시킨다. 그런데 아파트값 때문에 벽을 세우고 살아야 하는 현실이 안타까울 따름이다.

쉬고 기대고 서로를 돌아보는 곳,
　　인간의 행복할 권리를 실현하는 동네이야기...

3장

복지동장 이야기

03

복지동장 이야기

　동네복지는 동네에서 살아가고 동네에 모여드는 사람들의 생활에 눈을 돌리는 데에서 출발한다. 그래야 동네에서 생활이 어렵거나 도움의 손길이 필요한 이웃을 발견할 수 있고, 서로 도우면서 이웃 간의 정이 넘쳐나게 되고, 동네의 존재가 새롭게 인식될 수 있는 것이다. 동네에 사는 주민이 주도적으로 참여하고, 이웃들을 먼저 생각해서 자기 조직화를 이루어낼 때 동네복지가 만들어진다.

　동네에서의 생활이 어렵지 않고 이웃 간의 정이 넘쳐날 수 있도록 동네의 존재를 다시 한 번 생각하는 데에서 출발한다. 동네에 거주하는 주민이 주도적으로 참여하고, 동네에 모여 살아가는 사람들을 가장 먼저 생각하는 입장에서 자기 조직화가 이루어질 때 동네복지가 만들어질 수 있다.

지금은 인구가 감소하고 고령화 사회에 접어들었다. 따라서 다른 어느 때보다도 삶의 질을 향상시키는 것이 절실해졌다. 이는 지금이 동네복지가 절실히 필요한 시기라는 말이다. 단순히 도로를 만들고 보조금을 지급하는 것보다 사람과 사람 사이의 상호작용을 통해 동네복지를 실현하는 일이 훨씬 더 중요하게 되었다.

그렇다면 동네복지를 어떻게 실현해야 할까? 우선적으로 필요한 것이 소통의 장이다. 이곳에서 서로 다른 가치관과 능력을 가진 다양한 동네 사람들이 함께 만나 논의할 수 있어야 한다. 그것을 마련해야만 개개인은 동네에서 참여의 길을 찾게 되고, 소통을 통한 동네복지가 만들어진다. 이때 유의해야 할 것은 그 논의의 장이 막연히 주어져서는 안 된다는 점이다. 다양한 의견과 의도, 아이디어가 보태지도록 해야 좀 더 쉽게 동네복지 활동을 이끌어낼 수 있고, 그 내용 또한 더 풍부해 질 수 있다.

그 중에서 가장 널리 사용되고 있는 방법은 주민 간담회이다. 지역의 문제에 대해 나이나 사회적 지위와는 무관하게 동등한 입장에서 논의하고 스스로 해결하려고 하는 자리가 바로 주민 간담회이다. 주민들의 생각이나 바람을 끌어내고 이를 바탕으로 지역의 뜻을 모아내는 수단인 동시에 주민참여를 확대하는 대표적인 방법이라고 하겠다. 주민들과의 일상적인 접촉과 상호작용을 통해서도 가능하고, 주민을 대표하는 사회단체와의 간담회를 통해서도 동네복지 활동을 이끌어낼 수 있다.

그러면 소통의 장을 만들어 운영하고, 이러한 활동을 이끌어내기 위하여 어떤 관점을 가져야 할까? 그것은 주민 주도적이고 자기 조직화를 촉진하는 후원자 입장을 견지하는 방향으로 역할을 해야 한다는 것이다. 그래서 동장은 동네복지에 대한 기획안을 만들고 동네의 상황과 실정에 맞게 잘 적용시켜나갈 수 있도록 자기 역할을 설정해야 한다. 참가하는 주민들이 주체성을 가지고 소통하면서 새로운 가능성과 아이디어를 찾을 수 있도록 해야 한다. 이는 개개인의 지혜를 창조적인 성과로 연결시키는 일을 지원해야 한다는 뜻이다. 동장은 관리자의 입장에 서면 안 된다. 동장은 지원자의 입장에 서서 소통의 장을 만들고 운용해야 한다. 그래야 소통의 추진자인 복지동장은 동네의 장점을 최대한 부각시키고 동네복지를 만들어 가기 위한 소프트웨어적인 역량을 최대한 발휘할 수 있다. 주민들이 참여하는 소통의 장이 비록 작아보이지만 주민 한 사람 한 사람이 주체성을 갖고 참여하도록 지원하는 것이 동네복지의 첩경이라고는 신념을 가져야 한다.

동네복지를 실현하는 데에는 복지담당공무원의 코디네이터 역할도 중요하다. 이들은 전반적인 복지업무를 통합하고 조정하여 지역의 다양한 사람들과 협동하여 활동을 전개하는 총괄자로서의 역할을 맡기 때문이다. 또한 동네의 상황을 가장 잘 알고 있고 동네지도자인 통장의 인큐베이터 역할도 빼놓을 수 없다. 통장은 동네복지가 동네 사람들에게 잘 전달될 수 있도록 발로 뛰며, 마치 미숙아가 잘 성장할 수 있도록 보육하는 인큐베이터 역할을 수행해 주는 것이다. 동네복지는 이런 내용들을 종합적으로 반영하여야만 한다. 그래야만 동네복지가 주민 주도적이고 공동체의식을 함양하는 조직화된 복지로 자리 잡을 수 있다.

이번 장에서는 동네에서 다양한 계층의 사람들이 소통하고 공감하는 사례를 소개하려고 한다. 또한 동네복지를 실현해 나가는 원동력인 사회단체의 협력을 이끌어내는 동장의 리더십에 대해 이야기해 보고자 한다. 더불어 동네에 다양하게 분포되어 있는 복지자원의 발굴과 통합의 사례를 통해 복지동장의 역할에 대해서도 덧붙이려고 한다.

1. 동네에 대한 이해

동네복지를 만들어가기 위해 먼저 필요한 것이 무엇일까? 그 대답은 의외로 간단하다. 동네복지를 위해서는 가장 먼저 동네를 둘러보고 동네를 이해하는 것이 선결과제다. 동네복지는 외로운 이웃과 함께 어울리며 해결의 방도를 찾고, 십시일반으로 자기의 재물과 재능을 합하여 문제를 해결해 나가는 방법이다. 동네를 둘러보면 동네의 다양한 연결망을 확인할 수 있다. 동네마다 있는 공공시설인 마을회관에서부터 경로당, 놀이터 등도 살펴보고, 동네 골목에 자리 잡은 짜장면 집을 비롯한 음식점, 세탁소, 미용실 등도 살펴보아야 한다. 골목마다 설치된 가로등이며 학교 앞 CCTV도 빠트리지 말아야 한다. 특히 동네의 생활 연결망인 통장과 새마을부녀회, 반장 그리고 기타 동네 사람들과의 소통 창구인 다양한 모임도 파악해 보아야 한다. 그래야만 비로소 동네 전체를 볼 수 있으며, 동네가 돌아가는 '판'을 알 수가 있다. 그 '판'과 '맥'을 알아야만 동네의 관계망을 넓히고 다양화시킬 수 있다. 그래야 동네복지의 실현이 가능해진다. 아무리 좋은 프로그램이라 하더라도 이러한 진정한 이해가 없이는 그 의미를 더하지 못한다. 이렇듯 동장은 동네를 이해하고 소통과 공감을 이끌어내는 것이 가장 중요한 역할이라고 할 수 있다.

우리 아산시 온양3동은 크게 권곡동, 모종동, 신동의 법정동으로 구역이 나누어져 있다. 권곡동은 지형이 마른 구렁이처럼 생겨서 건구렁, 권구렁으로 불리던 것이 변하여 권곡동이 되었다. 현재는 12개의 동네로 구성되어 있다. 모종동은 동네에 큰 못이 있다하여 못마루라고 부른 데서 동명이 유래되었으며, 6·25전쟁으로 피난민이 밀집한 동네로서 수용소 촌이라고도 하였다. 현재 그 수용소 자리에는 대형 목욕탕 및 찜질방인 온천랜드가 위치하고 있다. 현재 14개의 동네로 구성되어 있다. 신동은 벌판에 생긴 동네라 하여 벌말로 불리어지다가 신동으로 되었는데 현재 2개의 동네가 있다. 온양3동은 이렇게 28개의 동네로 구성되어 있는 셈이다.

행정구역이 개편될 때 일부 동네가 조정되기는 했지만 그 모습을 그대로 유지하고 있으며, 현재는 대형 아파트가 세워지면서 인구가 늘어나고 있다. 아파트 단지의 동네와 과거의 모습을 어느 정도 유지하고 있는 동네가 서로 대조를 이루는데, 모종동 일부와 신동은 논농사를 짓는 전형적인 농촌지역으로 도농복합 동이라는 특징을 내포하고 있다. 최근 몇 년 사이에 대규모 아파트 단지들이 들어서면서 온양3동의 풍경이 크게 바뀌었다. 2002년도 권곡동 청솔아파트를 시작으로 모종동에 대형아파트가 건립되면서 2010년부터는 아산시 전체에서 배방읍 다음으로 인구가 가장 많은 지역이 되었다. 원도심 지역 중에서는 최대의 신흥지역으로 자리매김하게 되었으며, 새로운 상권도 형성되기 시작했다. 물론 신동 지역은 온양천 제방을 따라 형성된 전형적인 농촌 동네로 권곡동이나 모종동에 비해 변화가 거의 없는 편이다.

온양3동은 온양 지역에서 중심동으로 성장하면서 주요 기관이 다양하게 자리를 잡았다. 충남노인보호전문기관을 비롯하여 국민건강보험공단, 국민연금공단, 농어촌공사, KT, KT&G, 한국전력공사, 선거관리위원회, 소방서 그리고 청소년교육문화센터와 온양민속박물관 등이 들어서 있다. 초등학교가 4곳, 중학교 1곳, 고등학교 1곳이 있다. 아산시 유일의 병원급인 아산충무병원과 한국병원이 위치하고 있으며, 의원, 한의원, 치과의원 등 다양한 의료기관이 소재하고 있다.

특히 동네복지에서 중요한 복지 연결망 역할을 해줄 수 있는 사회단체로는 통장협의회를 비롯하여 주민자치위원회, 새마을남여지도자회, 바르게살기협의회, 적십자봉사회, 행복키움추진단이 있으며, 시 산하의 112민간순찰대와 88자원봉사대도 소재하고 있다. 또한 지역의 복지자원이라 할 수 있는 음식점, 제과점, 목욕장업, 이미용업, 세탁업, 학원, 사진관 등이 466개나 되어서 온양3동은 앞으로 다양한 영역에서의 자원 연결과 통합이 가능한 곳이라고 할 수 있다.

28개의 동네에는 생활 연결망 구축에 도움을 줄 수 있는 인적 자원도 풍부하다. 동네마다 통장을 비롯하여 노인회장, 반장, 새마을남녀지도자, 개발위원 등이 구성되어 이웃사촌의 정을 나누는 데 도움을 주고 있다. 그 중에서도 나는 아줌마 부대인 동네 부녀회라는 조직이 동네복지를 실현하는 데 결정적인 역할을 한다고 생각한다.

동네마다 있는 공공시설물인 마을회관과 경로당은 다양한 복지 프로그램을 실행하는 데 없어서는 안 될 중요한 자산이다. 이곳은 어르신을 위한 건강 프로그램이나 어르신과 아이들이 함께 하는 세대 공감 프로그램, 경로잔치나 마을잔치 등 동네 사람들 간의 소통과 공감이 이루어질 수 있는 가장 좋은 장소라고 할 수 있다.

도농복합형 온양3동의 모습들

2. 동네 사람들과의 소통과 공감

　행복한 동네복지를 설계하는 것은 곧 행복한 동네 관계망을 만들어 가는 것이다. 동네복지를 설계할 때는 무엇이 필요한지를 생각하는 것보다 무엇이 없으면 안 되는지를 먼저 파악해야 한다. 그래서 동네 사람들과의 소통과 공감이 필요한 것이다. 동네는 동네 사람들이 제일 잘 알고 있다. 따라서 동네 사람들을 만나야만 동네복지가 설계되어야 당사자 중심의 복지를 실현할 수 있다. 소통을 위한 만남은 관계 형성의 밑바탕이다. 생활이 어려운 기초생활수급자는 물론이고 동네를 가장 잘 알고 있는 통장이나 부녀회장 등도 지속적이고 유기적으로 만나야 하는 것이다. 동네의 기초생활수급자 가정을 방문한 사례를 통해 그것이 얼마나 중요한지를 말해보고자 한다.

<사례 1>

민원의 해결은 경청에서부터 시작된다

56세의 이혼한 형이 정신분열증을 앓고 있는 동생을 돌보고 있는 빌라를 방문했다. 현관문을 여는 순간 남자만 사는 집이라는 것을 금방 느낄 수 있었다. 일명 홀아비 냄새가 진동을 하였기 때문이다. 동생은 방안에만 있었고 거실에 있던 형이 자기 방으로 나를 안내하였다. 그는 나를 보자마자 그렇지 않아도 동장님을 꼭 찾아가 따지고 싶은 것이 있었다는 말부터 꺼냈다.

그는 7월 말경에 동생의 장애등급 재판정 문제로 동사무소를 방문했다고 했다. 동생은 정신장애 2급에서 3급으로 조정되었다. 생활이 어려운 중증장애인에게 지급되는 장애인연금[20]을 못 받게 되자 형이 이의신청을 하였다. 그런데 이의신청이 받아들여지지 않았다고 행정에 문제가 많다고 화를 내기 시작했다. 그는 장애등급 조정 문제뿐 아니라 아내와 이혼하고 동생을 돌보게 된 이야기, 동생이 조현병(정신분열증의 일종)을 앓게 된 이야기, 세 자녀에 대한 이야기까지 힘들었던 삶의 이야기까지 하소연을 하였다.

현재 장애인등록은 2011년 4월부터 신규로 등록하는 장애인이나 기존 등록 장애인 중 재진단이 필요한 장애인은 장애등급심사를 받아야만 한다. 동사무소에서 대상자에게 장애진단의뢰서를 발급해 주면 본인이 치료하던 병원의 전문의에게 진단과 검사를 받고 장애진단서를 발급받아 동사무소에 제출하면 된다. 진단서를 제출받은 동사무소에서는 국민연금공단에 장애등급심사를 의뢰하고, 공단에서는 진단서, 검사자료, 진료기록지를 검토하여 장애등급심사 결과를 동사무소에 통보해준다. 그러면 동사무소에서 장애등록을 하고 본인에게 통보해 주는 것이다.[21]

형은 동사무소에서 이 절차들을 수행하다보니 모든 권한이 동사무소 직원에게 있다고 오해했던 것이다. 물론 직원은 충분한 설명을 했지만 등급 조정으로 연금을 받지 못하게 되었으니 속이 상했을 것이고, 그래서 3시간 넘게 동사무소에서 실랑이를 벌였을 것이다. 나는 1시간 넘게 그의 이야기를 묵묵히 들었다. 그리고 나서 장애인등록 절차에 대해 차분하게 설명을 했다. 그러자 어쨌든 동장이 직접 방문해준 것만으로도 모든 걸 이해하고 넘어가겠다고 말했다. 또한 자기 이야기를 들어줘서 고맙다면서 장애등급 문제에 대해서는 더이상 거론하지 않겠다고 했다. 그는 여러 차례 고맙다는 인사까지 건넸다.

나는 사실 이 가구의 민원을 해결하려고 방문한 것이 아니었다. 사전에 이러한 문제를 숙지하지 못했기 때문에 조금은 당황스럽기도 했다. 그런데 뜻밖으로 자연스럽게 해결이 되었다. 나는 역시 상담의 기본은 열심히 들어주고 어느 정도 마음이 진정되었을 때 차분히 설명하는 것이 먼저라는 걸 다시 한 번 깨달았다. 깊이 듣는 것이 문제 해결의 지름길이다. 상대방의 이야기를 듣는 일이 별일 아닌 것 같지만 말하는 당사자에게는 큰 도움이 된다. 가슴 속 이야기를 다 풀어내니 한결 편해진 마음으로 돌아가는 것이다. 내가 사는 곳 가까이에 자신의 이야기를 진심으로 잘 들어주는 이가 있다는 것만으로도 큰 힘이 되기 때문이다. 그래서 경청이 중요한 것이다.[22]

〈사례 2〉
혼자 사시는 어르신에게는 사회적 관계망 형성이 중요하다

기초생활수급자 가구 중 혼자 사시는 어르신의 비중이 점점 늘어나고 있다. 고령화와 핵가족화의 영향으로 어르신 인구가 증가하고 있으며, 특히 할머니 혼자 사시는 가구의 비중이 높아지고 있다. 그런데 가정방문을 하다보면 할머니 혼자 사시는 분은 어느 정도 집안이 잘 정돈되어 있는 반면, 할아버지 혼자 사시는 가정은 대부분 집안이 엉망이다.

모종동의 83세 할아버지 가정도 부엌과 방이 폐가를 방불케 할 정도였다. 방에 들어서자마자 쾌쾌한 냄새가 진동을 하였다. 할아버지께서는 누추한 집을 어떻게 방문하였냐며 이불이 깔려있는 곳으로 자리를 안내하신다. 늦게 결혼한 할아버지는 자식을 보지 못하고 아내를 잃었다고 한다. 그 이후로도 서너 번 결혼을 했지만 아내가 번번이 사망하여 자식 한 명 없이 이렇게 혼자서 산다고 한다. 자기와 결혼하는 여자는 왜 그렇게 일찍 죽는지 모르겠다며 한숨을 쉬신다.

할아버지는 요즘 성당 다니는 낙으로 생활한다. 거의 매일 모종

동 성당에 나가고, 식사도 그곳에서 해결한다. 혼자 몸이라 월세 빼고는 크게 돈 들어가는 데도 없다. 국가유공자여서 다행히 참전유공자 수당과 동에서 지원하는 생계비로 생활하고 있다. 몸은 건강한 편이지만 당뇨와 혈압이 있어 한 달에 두 번씩 보건소나 병원에 다닌다. 부엌을 둘러보니 집에서는 제대로 식사를 챙겨 드시는 것 같지는 않았다. 식사는 어떻게 해결하느냐고 여쭤보니, 아침은 성당에서 가져다 준 반찬으로 대충 먹고 주로 성당에서 먹는다고 한다.

나는 이런 저런 이야기를 마치고 동사무소로 돌아와 그동안의 상담내역이 적힌 카드를 살펴보았다. 카드에는 할아버지를 사례관리 대상자로 선정하여 주거환경 개선 및 방문간호서비스, 도시락 배달서비스를 했으며 할아버지에게 사회적 관계망을 형성해주려고 노력했던 기록들이 있었다. 하지만 할아버지가 대부분의 지원을 거부하여 실행하지 못하고 있었다. 도시락 배달도 거의 매일 성당에 가시기 때문에 수행기관에서 바로 중단된 상태였다.

나는 그럼 이런 분에게는 더 이상의 관리가 필요 없는 것인지 고민되었다. 어떻게 하면 할아버지에게 적절한 사회적 관계망을 형성해 줄 수 있을까? 우리가 사회복지 현장에서 만나는 어르신이나 장애인, 한부모 가정은 사회적 관계망이 약하거나 부족한 사람들이다. 그러나 이 분들에게도 각자가 살아가는 삶의 방식이 있다. 사람은 누구나 스스로 삶을 선택하고 그 삶을 주체적으로 살아가고

자 노력한다. 따라서 할아버지에게도 스스로 삶을 선택하고 결정할 수 있게 돕는 일이 필요하다. 또한 할아버지의 강점을 바탕으로 자주적으로 살아갈 수 있도록 돕는 일도 필요할 것이다. 다시 말하면, 평소에 할아버지의 주변에서 힘이 되어줄 수 있는 사람을 찾고, 서로 돕고 의지할 수 있는 사람과 사회적 관계망을 형성해 주는 것이 우리 사회복지사가 마땅히 해야 할 일이다.

이 할아버지에게는 자기 스스로 할 수 있도록 돕는 일이 먼저라고 나는 생각했다. 단순히 자원을 연계해 주고 지원해 주는 것이 아니라 할아버지에게 묻고, 의논하고, 부탁하는 과정이 빠지지 않았을까? 집안이 더러우니 무조건 집안 청소를 해주겠다고 하고, 혼자 식사하기 어려우니 도시락을 배달해주겠다고 하는 것이 먼저가 아니었다는 말이다. 그것은 어쩌면 할아버지의 존엄성을 해치는 일일 수 있다. 단순한 서비스 지원은 당사자 중심의 복지가 아니다. 똑같은 서비스 중심의 복지도 당사자에게 묻고, 의논하여야 한다. 이 과정을 거치지 않고 서비스 중심으로 할아버지 문제를 해결하려 했으니 서비스를 거부당할 수밖에 없었던 것이다.

나는 직원과 함께 다시 할아버지를 찾아갔다. 그리고 깨끗한 환경에서 생활하는 것이 왜 좋은지 할아버지 스스로 판단하고 결정하도록 유도하였다. 이야기를 듣던 할아버지의 마음이 바뀌기 시작했다. 할아버지는 결국 집안청소를 해주면 고맙겠다고 말했다. 곧바로 집수리 봉사활동을 하는 88자원봉사대와 연계하여 할아버지 집을 깨끗이 청소했다. 또한 지속적인 사회적 관계망 형성을 위해 주기적으로 할아버지 댁을 방문하여 살펴볼 수 있는 봉사자도 연결하였다.

나는 이 경험을 통해 당사자가 스스로 할 수 있도록 돕거나 지역사회가 그들의 삶 속에서 도울 수 있도록 주선하는 일을 강화하는 것이 무엇보다 중요하다는 사실을 알게 되었다. 당사자의 자주성을 키우고 지역사회의 공생을 실천하는 일이야 말로 사회복지사가 갖는 핵심 정체성이다. [23]

〈사례 3〉
인생의 여행길에 가족만큼 소중한 버팀목은 없다

아파트 주변의 단풍이 유난히 빨갛게 물든 늦가을, 홀로 사시는 어르신을 찾았다. 초인종을 누르자 집안청소를 열심히 하던 아주머니가 문을 연다. 00할아버지 댁이냐고 묻자 그렇다며, 본인은 요양보호사라고 소개한다. 만성 폐쇄성 폐질환을 앓고 있는 할아버지는 방안에서 산소 치료를 받고 있었다. 호흡이 곤란하여 이야기하는 것조차 힘들어 하셨다. 무슨 조사를 하러 왔냐고 물어보신다. 조사를 하러 온 게 아니고 할아버지가 어떻게 살고 계신지 궁금해서 찾아왔다고 하자 침대 옆으로 자리를 권하신다. "오늘은 기초수급자 조사도 아니고 요양등급 조사를 하러 온 것도 아니네."라며 말을 꺼내신 할아버지는 금세 당신의 인생길 이야기보따리를 하나하나 풀어내기 시작하신다.

　할아버지는 결혼해서 딸을 낳고 평범한 가정생활을 꾸려나갔다. 아내와는 성격 차이로 이혼했다고 한다. 그러다 재혼을 해서 아들을 낳았고 잘 살았는데 사업에 실패하면서 생활이 어려워졌다. 잘 되던 사업이었는데 지인들이 사기를 치는 바람에 망했고, 화병이 생겨 매일 술과 담배로 연명했다. 하루에 담배를 두 갑씩 피워 현재의 폐질환을 앓게 된 것이라고 한다. 사업이 실패하고 생활이 어려워지자 아내는 편지 한 통 남겨놓고 집을 나갔다. 재기하려고 노력도 해보았지만 끝내 실패했다.

　나는 자식들한테는 연락이 오냐고 물었다. 제주도에 사는 큰 딸은 멀어서 찾아오지는 못하고 가끔 안부전화가 온다고 한다. 손이 귀한 집에 시집을 가서 연년생으로 아이를 셋이나 낳았다고 한다. 다행히 첫째와 둘째가 딸이었는데 셋째를 아들을 낳아 시부모의 사랑을 듬뿍 받고 생활하고 있단다. 딸아이가 어릴 적부터 강단이 있어 아이도 셋씩 낳았다며 기특하다고 자랑을 하신다. 필리핀에 살던 아들은 3개월 전에 체코로 이주하였다는데 정확히 무슨 일을 하는지는 모르신다고 한다. 아들은 체코에 가기 전 집에 들렀는데, 내년에는 지금 사귀는 여자 친구와 결혼을 한다. 아들 장가가는 것을 꼭 보고 죽고 싶은데 지금 건강상태가 너무 안 좋아 내년까지 살 수 있을지 걱정이라며 눈물을 보이신다. 가출한 아내는 현재 미국에 불법 체류하고 있다고 한다. 작년 1년 동안 계속 전화가 왔다고 한다. 아내가 잘못을 뉘우치고 용서를 빌었지만 처음에는 용서하기 어려웠다고 한다. 모든 것이 본인의 잘못으로 사업을 실패하여 가정이 파탄 났는데 누구를 원망하겠냐며 한숨을 쉬신다. 그래서 아내도 다 용서해 주었다고 한다. 고단한 삶 이야기 끝에 할아버지는 자신이 독거노인이 될 줄은 꿈에도 몰랐다고 말씀하신다.

사무실에 돌아와 할아버지 관련 상담내역 카드를 살펴보았다. 할아버지는 컨테이너에서 생활하다가 사회복지사의 도움으로 지금 사는 빌라로 이사했다는 걸 알게 되었다. 이 빌라는 시에서 운영하는 노인의 집이라 임대료 없이 무료로 거주한다. 오랜 기간 동안 혼자서 치료를 받고 계셔서 봉사단체와 연계해서 집안 청소도 주기적으로 실시하고 있었으며, 현재는 요양보호사가 직접 간호를 해 주고 있었다.

할아버지를 만나면서 나는 가정의 소중함을 다시 한 번 깨닫게 되었다. 사업실패 때문에 가정이 해체되지 않았다면, 그 실패를 딛고 일어설 수 있도록 가정이 버팀목이 되어주었더라면 할아버지가 꿈에도 생각해보지 않은 독거노인이 되지 않았을 수도 있었을까? 나는 이런 가정을 하며 가족은 그래서 인생이라는 긴 길에서 마지막까지 있어줘야 하는 버팀목, 보루라고 생각해보는 것이다.

〈사례 4〉

KBS 2TV "가족끼리 왜 이래" 드라마가 생각나는 아주머니

　조금은 일찍 찾아온 추위를 몸으로 느끼는 늦가을, 빌라에 혼자 사시는 아주머니 댁을 방문하였다. 연령으로 보아서는 이제 예순이 가까워오는 나이니 아주머니라고 생각했는데 막상 얼굴을 대면하니 할머니에 가까웠다. 집안은 청소를 얼마나 열심히 하셨는지 먼지하나 없이 깨끗했다. 많은 가정을 가보았지만 이렇게 깔끔하게 정리하고 사시는 분은 처음이었다. 아주머니는 낯선 남자의 방문에 눈에는 경계의 빛이 역력했다. 나는 얼른 동장으로 부임한 지 얼마 안돼서 어떻게 사시는지 궁금해서 찾아왔다고 얘기했다. 아주머니는 그제야 눈빛이 풀어졌고 편안하게 맞이해 주었다.

　아주머니는 고혈압, 당뇨에 류마티스 관절염까지 있어서 바깥출입을 거의 못하고 있었다. 조금만 무리해서 걸어도 밤에 잠을 못 잘 정도로 통증이 온다. 나이 들어 몸도 아프고 자식들한테도 버림받았다며 그녀는 눈물을 글썽거렸다. 남편이 죽기 전에는 아이들과도 잘 지냈다고 한다. 그런데 남편이 죽자 아이들은 인연을 끊고 살자고 했다. 자식들이 있는 남편과 초혼을 한 것이 잘못이라며 한숨을 내쉰다. 4년 전, 남편이 죽고 아이들마저 자신을 버리자 하도 기가 막혀 법원에 소송을 제기했다고 한다. 모든 것을 잃었지만 평생 남편과 아이들을 위해 바친 것이 너무 억울하다는 생각이 들었다. 지금껏 누구한테도 말한 적 없는데 동장님이 오셔서 나도 모르게 얘기

를 했다고 오히려 그녀는 겸연쩍어 한다. 나는 그 모습이 참으로 안쓰러웠다.

상담을 마치고 돌아오는 길, 요즘 한창 인기 있는 드라마인 〈가족끼리 왜 이래〉가 머리를 스쳤다. 아내 없이 3남매를 키운 아버지는 그들을 대상으로 불효청구소송을 제기한다. 그러자 지금껏 아버지를 외면하던 자식들이 변하더니 먼저 이야기 좀 하자고 하고, 더 관심을 가지기 시작한다. 아버지가 자식들에게 각자 30만 원씩 생활비를 내놓으라고 하자, 막내아들은 "가족끼리 왜 이래"라고 소리를 지른다. 그런데 정작 그렇게 외치고 싶었던 이는 자녀들에게 계속 외면당하던 아버지였다. 아버지가 자식들을 고발한다는 것이 막장 드라마라고 생각하는 이도 있겠지만 정작 드라마가 말하고 싶었던 것은 가족애에 대해 다시 생각해보라는 것일 테다.

나는 이 드라마가 시청률 40%의 고공행진을 달리는 것을 보면서 우리 사회가 얼마나 외로운가 생각했다. 전체 가구의 절반가량이 1, 2인 가구이며, 그나마 자식이 있어도 대부분 외동이다. 더구나 우리는 가족 사이에 남보다 못한 끔찍한 짓을 벌이는 시대에 살고 있다. 부모와 자식, 그 외의 다양한 인간관계가 얽혀 있는 이 드라마는 자기를 한번쯤 투영해볼 수 있기 때문에 인기를 끌고 있는 것 같다. 나는 이 땅의 많은 사람들이 가족이라는 가치, 가족의 원형과 소중함에 목말라 있음을 인기가도의 이 드라마 열풍에서 느낄 수 있었다.

어쨌든 이 아주머니 가정도 다시 끈끈한 가족애가 넘치는 해피엔딩의 드라마로 결론이 나면 좋겠다는 바람을 가져본다.

〈사례 5〉

바른생활의 표본 권곡2통장님!

앞서 얘기했듯이 온양3동에는 28개의 동네가 있다. 이 동네에는 곳곳을 살피고 다니는 통장님들이 계신다. 우리 동이 도농복합 지역이어서 이 분들의 직업도 매우 다양하다. 경비, 쌀 도매, 부동산 중개, 중장비업, 태권도장 운영을 비롯해서 농사를 짓는 분도 있다. 도시 못지않은 직업 분포라고 할 수 있다. 우리 동의 통장협의회는 결집력이 대단해서 다른 사회단체의 견인차 역할을 톡톡히 하고 있다. 또한 동 행정의 파트너로서 동네복지를 만들어가는 일에도 적극적인 협조와 참여를 해 주고 있다. 통장 고유의 역할 뿐만 아니라 우리이웃지킴이 모집에서부터 동네별 2천 원 후원구좌 모집에 이르기까지 적극적으로 참여하는 동네복지 실현의 주력부대라고 할 수 있다.

모든 통장님들이 정말 잘 협조해 주고 있지만 특별히 권곡2통장님을 소개하지 않을 수 없다. 나이가 지긋하신 이 분은 직장생활을 하면서도 궂은 동네일을 도맡아 처리하신다. 만약에 동네에 어려운 문제가 생기면 밤잠을 설치시면서까지 고민하시는 분이다.

가을 햇살이 좋은 어느 날이었다. 통장님이 동사무소 여직원과 고민 섞인 말을 하고 계셨다. 가을만 되면 몇 년째 이면도로 옆에 있는 커다란 아름다리 나무 때문에 맞은편에 있는 빌라 주민들이 불편을 겪고 있다는 이야기였다. 나뭇잎이 바람에 날려 하수구가 막히고 있었던 것이다. 또한 쌓인 나뭇잎 때문에 그곳은 상습 쓰레기 투기지역으로 변해가고 있었다. 몇 년째 얘기를 했지만 담당직원이 자주 바뀌어서 해결이 안되고 있었던 것이다.

나는 오후에 직원과 함께 현장에 가보았다. 통장님과 빌라 주민들이 먼저 나와 기다리고 있었다. 나무 밑은 이미 쓰레기장이 되어 버렸고, 빌라 주변에도 나뭇잎들이 수북이 쌓여 있었다. 이건 빌라 주민만의 문제가 아니었다. 이면도로 옆이라 이 문제를 처리하기 위해서는 나무의 주인이 있는지부터 확인해야 했다. 주인에게 동의를 구해야만 나무를 벨 수 있기 때문이었다. 나는 직원에게 주인을 파악해서 동의를 구하도록 했는데, 다행히도 흔쾌히 동의를 해주었다. 나무가 워낙 커서 장비 없이는 불가능한 상황이라 시의 산림녹지과 팀장에게 부탁을 해서 나무를 벨 수 있었다. 함께 주변을 깨끗하게 정리하고, 쓰레기가 쌓이지 않도록 동네에서 관리해달라고 통장님께 부탁을 드렸다.

모든 일이 마무리되고 나서 어느 날 관내를 돌아보다가 마침 그곳을 지나게 되었다. 그곳은 쓰레기가 전혀 없이 깨끗하게 관리되고 있었다. 나는 역시 권곡2통장님이구나 하고 생각했다. 그분은 사명감이 확실한 분, 한 번 맡은 임무는 철두철미하게 이행하시는 분임을 다시금 알 수 있었다.

또 한 번은 이런 일이 있었다. 우리 동의 복지허브화 사업으로 2천 원 후원구좌를 동네별로 30구좌씩 모아보자는 목표가 세워졌다. 권곡2통은 특별한 사업체도 없고 빌라 거주자가 많아 주민들을 만나기 어려운 곳이었다. 그런데 밤 늦은 시간까지 가가호호 방문해서 어렵게 한 구좌씩 가입을 독려하여 매일 몇 구좌씩 챙겨 오시는 모습은 감동 그 자체였다. 나는 통장 월례모임에서 이 미담을 들려주었다. 모범은 모범을 따라 배우게 되어서 그 의미가 있다. 이후에 다른 통장님들도 이 후원구좌 가입에 더욱 열성적으로 뛰어다니는 계기가 되었음은 물론이다.

권곡2통장님은 늘 같은 마음으로 정성을 다해 동네일을 보신다. 그분을 통해 나는 이웃이 이웃의 정을 느끼게 하는 동네복지의 한 원형을 보게 된다. 이런 통장님이 많으면 많을수록 동네복지는 자연스럽게 정착될 것이라고 나는 믿는다.

〈사례 6〉

음식 만들기의 달인 모종11통 부녀회장님!

온양3동에는 새마을지도자 11명, 부녀회장 24명 등 35명으로 구성된 새마을협의회가 활동하고 있다. 아쉽게도 28개 동네에 남자 지도자를 비롯한 부녀회장님이 모두 구성되어 있지는 않다. 하지만 온양3동 새마을협의회를 중심으로 꽃길 가꾸기 사업, 어려운 이웃을 위한 바자회, 어버이날 효잔치, 장애인시설 봉사활동, 김장나눔 행사 등 다양한 사업들을 펼치고 있다. 동네별로도 새마을부녀회의 활동은 매우 다양하게 펼쳐진다.

그 중에서도 모종11통 부녀회장님의 활약은 한마디로 대단하다는 말밖에는 떠오르지 않는다. 모종11통은 저소득층이 밀집되어 있는 주공아파트 지역이다. 기초수급자만해도 200여 가구에 달한다. 그래서 어느 지역보다도 많은 관심과 배려가 필요하다. 나는 동장으로 취임하자마자 첫 방문지로 모종11통을 찾았다. 마침 여름방학 기간이라 초중고 학생들에게 점심을 만들어 주고 있었다. 부녀회는 일주일에 두 번씩 저소득 가정, 맞벌이 가정, 한부모 가정 학생들에게 '엄마손 밥상'을 만들고 있다는 것이었다. 엄마손 밥상은 한국주택공사(LH)가 사회공헌사업의 일환으로 예산을 일부 지원하고, 나머지는 부녀회와 후원금으로 점심을 만들어 주는 사업이었다. 반찬은 학생들이 좋아하는 계란말이, 돼지두루치기, 장조림, 어묵볶음 등이어서 그런지 50명이 넘는 학생들이 이용하고 있었다. 아쉬운 것은 겨울방학에는 주방에 온수시설이 되어 있지 않아서 점심을 만들어 줄 수 없다는 것이었다.

나는 어떻게든 방법을 찾아보겠다고 했다. 그리고 그 많은 학생들에게 정성스럽게 점심을 만들어주셔서 감사하다는 말씀도 잊지 않았다. 나는 사무실에 돌아와 총무팀장과 머리를 맞댔다. 우리는 이것이 소규모의 주민숙원사업이라는 데 동의하고 주방 리모델링

사업을 해주기로 결정했다. 올 해 초에 온수가 콸콸 나오는 것뿐 아니라 편리성을 더한 주방을 만들었다. 겨울방학에도 학생들이 점심을 굶지 않고 먹을 수 있게 된 것이 너무 기뻤다.

이 엄마손 밥상이 잘 운영될 수 있었던 것은 온전히 모종11통 부녀회장님의 노력 덕분이었다. 학생들을 사랑하는 것은 기본이고, 음식을 너무나도 맛있게 만드신다. 사실 부녀회장님은 온양3동에서 누구나 잘 아는 음식의 달인이다. 특히, 모든 행사의 단골 메뉴인 국밥은 그 맛이 가히 일품이다. 푸짐하기는 또 얼마나 푸짐한지. 그런 음식 솜씨 덕분에 온양3동 화합행사나 바자회 같은 큰 행사를 치를 때 음식 만들기는 부녀회장님 몫이 된다. 그동안 아파트 단지의 점심 인기가 높았던 것도 무리가 아니었다.

봄이 되면 부녀회장님은 텃밭을 만드시느라 분주하다. 이 텃밭은 동네 어르신들이 함께 가꾸어 나눠먹기 위한 것이다. 텃밭은 어느새 어르신들에게 소일거리이면서 이웃과 정을 나누는 훌륭한 장소가 되었다. 나는 내친 김에 '클린 아파트'라는 사업 아이디어 하나를 더 보탰다. 부녀회를 중심으로 주방세제를 만들어 각 가정에 1천원씩 받고 판매하자는 것이었다. 부녀회장님이 생업 때문에 바쁘다는 걸 알고 있었지만 나는 그 분이 일 욕심이 많다는 것도 알고 있었다. 그래서 곧바로 추진하시리란 걸 믿고 있었다.

어쨌든 부녀회장님 같은 분이 동네 이곳저곳을 다니면 동네가 들썩들썩 하면서 살아나는 것 같은 느낌을 받는다. 나는 부녀회장님을 보면서 이웃과 이웃의 정과 상부상조의 문화라는 게 뭔지 다시금 생각하게 되었다.

엄마손 밥상 운영 모습

3. 동네 사람들과의 협력

동장의 기본 업무는 동 주민센터를 관리 운영하는 것이다. 동장의 리더십이 중요한 것은 지역사회의 문제를 찾아내고 해결하는 데 중요한 영향을 끼치기 때문이다. 동장은 지역사회에서 일어나는 사소한 문제에서부터 중대한 현안까지 파악하여 파트너십을 이루고 있는 사회단체 등과 해결방안을 모색해야 하는 임무가 있다. 또한 지역 주민의 의견을 한데 모아 당면한 문제 해결의 리더십을 발휘해야 하는 기관장의 역할을 해야만 한다.

리더십은 조직이나 사람을 이끄는 역량이다. 요즘에 부각되는 리더십 중에는 전문가형 리더십과 이슈 리더십이 있는데, 전자가 조직의 성과를 결정하는 업무의 전문성에 초점을 맞춘 것이라면, 후자는 현실에 중요하다고 판단되는 이슈에 초점을 맞춘 것이다.[24]

이슈 리더십은 주어진 상황에서 창의적인 과제를 찾아 이슈화하거나 채택된 이슈를 관련 구성원들에게 그 중요성을 설득하고 참여와 몰입을 이끌어내는 리더십 스타일을 말한다. 이것을 지속적으로 추구하면 높은 성과를 달성할 수 있다. 이슈 리더는 일상적 업무에 얽매이지 않고 늘 창의적인 과제를 찾아 늘 도전하기 때문에 주변 사람들에게 동기를 부여하는 사람이다. 그런 면에서 동장의 리더십도 마찬가지라고 할 수 있다. 동장도 지역의 창의적인 과제를 찾아 이슈화하고, 목표를 효과적으로 달성하기 위해 사회단체의 적극적인 참여와 협조를 이끌어내야 한다. 그렇다면 동장은 동네복지를 실현하기 위해 동 행정의 파트너인 사회단체의 협력을 이끌어내기 위해 어떤 이슈 리더십을 발휘해야 할까?

우선 우리 지역에서 왜 동네복지가 필요한지를 서로 공감해야 한다. 동네복지는 물질 위주의 각박한 생활에서 벗어나 물질과 정신의 균형 잡힌 삶을 살기 위해서 반드시 필요하다. 이웃에 관심을 가지고 인사하고 경조사를 챙기는 문화를 되찾는 것이 동네복지의 시작이라고 할 수 있다. 동네복지가 지역 주민들의 삶의 질과 직결된 문제라는 점을 사회단체가 인식하고 동참할 수 있도록 정기적인 회의를 통하여 공감대를 형성하고, 이 창구를 통해 동네복지에 대한 장기적인 전략을 수립해야만 한다.

둘째, 동네복지를 성공적으로 실현하기 위한 구체적인 실행방안을 제시해 주어야 사회단체의 참여를 이끌어낼 수 있다. 이 방안은 각 사회단체의 특성에 맞는 것이어야 한다. 예를 들어 동네의 실정을 가장 잘 알고 있는 통장협의회에는 저소득층 실태 파악과 상담, 그리고 전입세대에 대한 실태 확인, 복지자원의 발굴과 연계 등의 일을 통해 복지통장으로서의 역할을 다할 수 있게 해야 한다. 그래야만 더불어 살아가는 삶을 고민하고 만들어가는 탄력적인 동네 공동체를 만들어갈 수 있다.

셋째, 동네복지의 성과에 대한 효과적인 관리와 지속적인 모니터링이 이루어져야 한다. 사회단체가 일시적으로 참여하는 것이 아니고 지속적으로 참여하고 협조할 수 있게 관리해 주어야 한다. 적극적으로 참여한 사회단체에 대해서는 상을 주고, 복지역량을 키울 수 있는 교육도 주기적으로 실시해야 한다. 이러한 노력들이 바로 동장이 발휘해야 하는 이슈 리더십이다.

우리 동네의 사례를 들어보고자 한다. 온양3동에는 통장협의회를 비롯하여 주민자치위원회, 새마을협의회, 바르게살기위원회, 적십자봉사회, 행복키움추진단 등 6개의 사회단체가 있다. 또한 주민센터 소속은 아니지만 112민간순찰대와 88자원봉사대가 있다. 이들 8개 사회단체는 각자의 설치 목적에 맞게 활동을 펼치고 있지만 단체 간의 연계에 어려움이 있는 실정이다. 서로 협조를 받아야 할 때 함께 논의할 수 있는 기구가 없기 때문이다. 그래서 창립된 기구가 온양3동 기관단체장협의회이다. 이 기구는 온양3동에 소재하고 있는 6개 기관장과 8개 사회단체장이 참석하여 정보를 공유하고 지역의 현안을 함께 논의할 수 있는 공식 기구 역할을 한다. 이 기구를 통하여 동네복지의 구체적인 실현방안과 기관단체의 효율적인 협력체계를 마련하였다.

이 기구에서는 방문상담을 통해 사례관리대상자가 발굴되면 기관단체의 특성에 맞는 지원방안을 모색하는 맞춤형 서비스를 지원한다. 특히, 새마을협의회에서는 깨끗한 환경을 조성하기 위하여 상습 쓰레기 투기지역에 '한 평 화단'을 조성하였으며, 기관단체협의회에서는 대부분의 저소득층이 거주하고 있는 빌라에 도색을 하고 벽화를 그려 아름다운 거리를 조성하였다. 또한 112민간순찰대에서는 순찰을 통해 안전한 동네를 만드는 데 기여하는 한편, 이웃이 이웃을 서로 보살피는 우리이웃지킴이 활동을 하고 있다. 모든 사회단체에서는 2천원 후원구좌에 단체 가입하여 사례관리대상자에게 맞춤형 복지가 실현될 수 있도록 하고 있다. 이러한 여러 활동들은 사회단체의 협력이 있었기에 가능했다. 동장의 리더십은 이러한 관계를 만들어 주고 협력할 수 있도록 할 때 발휘될 수 있는 것이다.

온양3동 기관단체장협의회 창립총회

4. 동네 자원의 발굴과 통합

복지자원의 발굴과 연계는 당사자의 욕구나 어려움을 해결하는 데 유용한 수단이다. 이 복지자원은 크게 당사자 자원, 지역사회 자원, 복지서비스 자원으로 나눌 수 있다.[25]

비공식 자원인 당사자 자원과 지역사회 자원은 당사자 안에서 방법을 찾는 보편적 자원을 말한다. 쉽게 말하면, 가족이나 이웃, 친구, 친지 등 비공식 자원을 통하여 안부를 묻는다든지, 반찬을 나눠 먹는다든지, 집안 청소를 도와주는 일을 주선하는 것을 의미한다. 다만, 여기서 '자원'이란 당사자와 당사자가 연관되어 있는 지역사회가 당사자를 위해 도울 수 있는 마음, 관심, 음식, 생필품과 같은 물건 등을 말한다. 한편 공식적인 자원인 복지서비스 자원은 저소득층을 위해 따로 만든 자원이다. 기초수급자에게 지원하는 각종 급여를 비롯하여 공공자원으로 지원하는 모든 복지서비스를 말한다.

당사자 자원은 당사자 안에서 그 일을 풀어갈 수 있게 도와주어야 한다. 당사자에게 묻고, 의논하고, 부탁해야 하는 것이다. 왜냐하면 그 일에 관한 당사자의 경험과 역량, 생각과 의지 같은 내적 자원과 당사자와 관계를 맺고 도움을 주고받는 외적 자원을 함께 살펴서 일을 해결해야 하기 때문이다. 그렇지 않으면 당사자가 복지서비스에 의존하려 한다. 따라서 부족한 만큼만 거들어서 당사자가 그 일에 주인이 되고, 역량을 발휘할 수 있도록 해주어야 한다.

지역사회 자원도 당사자 자원처럼 여러 사람의 협력을 얻어내기 위해 지역사회에 묻고 의논하고 부탁해야 한다. 왜냐하면 지역사회에 좋은 뜻을 가진 분들을 찾고, 할 수 있는 만큼의 일을 주선해야만 당사자의 이웃 관계가 풍성해지고 마주한 어려움도 이겨낼 수 있기 때문이다.

복지서비스 자원은 사안과 상황 그리고 사람에 따라 특별한 복지서비스를 주선한다. 하지만 이 서비스는 규모와 기간에 한계가 있어서 당사자의 욕구를 채워주는 방식으로 무한정 진행되어서는 안 된다.

복지 자원을 당사자의 욕구와 연결할 때에는 당사자 자원, 지역사회 자원, 복지서비스 자원 순서로 지원해야 한다. 그래야 당사자를 이해하고 잘 돕기 위해서 누구를 만나 상의하면 좋을지 알 수 있고, 이를 통해 당사자의 부족한 부분만 채워주어 개인의 역량을 강화해 줄 수 있다.

동네복지는 어려운 이웃과 더불어 살면서 동네를 살기 좋은 곳으로 바꾸어 나가는 것이라고 할 수 있다. 그래서 동장은 먼저 욕구조사를 실시하고, 자원조사를 통해 일을 진행하고 평가해야 한다. 동네를 두루 살펴서 어떤 일에 경험이 있거나 관련된 사람을 만나면서 동네의 복지자원을 발굴하고 연계해야 한다. 뿐만 아니라 당사자와 지역사회가 서로 도우면서 동네복지를 이룰 수 있게 해야 한다. 특히, 동네복지라는 과제를 풀기 위해 늘 염두에 두어야 할 것은 지역 주민의 주체의식과 역량, 관계와 소통이다.

지금 소개하는 것은 온양3동의 인적, 물적 자원의 발굴과 연계에 관한 사례이다.

아산행복드림사업과 협약을 체결해 식당과 생활필수품 등을 어려운 이웃에게 연결시키는 일을 추진하였다. 직원 식당이나 사회단체가 이용하는 식당을 중심으로 협약을 맺어 나눔문화를 확산시키고자 하였다. 대형 마트에서도 물품을 후원받아 어려운 가정을 방문할 때 빈손으로 가는 일이 없도록 하였다. 이런 조그만 배려와 관심이 이웃의 정을 느끼게 하고 동네복지가 정착되는 데에도 기여할 것이다.

온양3동에 있는 모든 사회단체는 훌륭한 인적 자원이다. 나는 사회단체장에게 모든 사회단체가 동네복지에 관심을 가질 수 있게 2천 원 후원구좌에 단체 가입을 해달라고 협조를 구했다. 특히 112민간순찰대에서는 2천 원 후원구좌 가입뿐만 아니라 우리이웃지킴이 활동을 해주는 성과도 거둘 수 있었다. 88자원봉사대의 경우에는 방문상담 결과를 토대로 집수리를 도맡았다. 또한 통장님들의 도움으로 동네별 우리이웃지킴이도 50여 명을 모아 활동하게 되었다.

이처럼 복지동장은 지역의 복지자원 발굴과 연계에 있어서 '당사자주의'에 초점을 맞추어 하나하나 추진될 수 있도록 세심한 노력을 기울여야 하는 것이다.

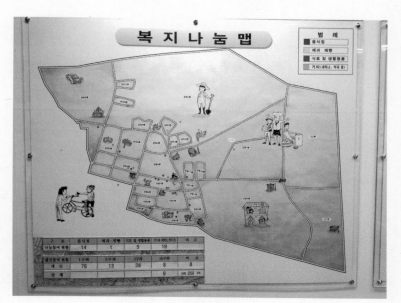

복지 나눔맵

쉬고 기대고 서로를 돌아보는 곳,
　　인간의 행복할 권리를 실현하는 동네이야기...

4장

동네복지를
만들어가는 이야기

04

동네복지를 만들어가는 이야기

——

온 나라에 복지담론이 무성하다. 해마다 복지예산이 늘어나고 일일이 열거하기 어려울 정도로 다양한 복지사업들이 펼쳐지고 있다. 그럼에도 불구하고 송파 세모녀 사건에서 볼 수 있듯이 우리나라 자살률은 OECD 평균 부동의 1위를 기록하고 있다. 이혼율도 만만치 않다. 1인당 국민소득 2만 7000달러, 경상수지 흑자 800억 달러, 경제성장률 3.3%의 기록을 자랑하는 이면에는 가계부채 1089조 원, 실업자 120만 명 시대, 전세값 연 12% 상승이라는 불명예스러운 수치가 있다. 그 종합적인 결과가 행복지수 세계 97위라는 비참한 수치로 나타나는 것이다.

복지예산이 늘어나고 복지사업을 확대하고 있지만 과연 우리는 지금 행복할까? 예산이 는다고 해서 자살률이 감소하고 이웃과는 돈독한 관계가 맺어질 수 있을까? 아니다, 국가복지는 결국 돈 문제이지만 돈만으로는 모두가 행복해질 수 없다는 것은 상식이다. 예산이 늘어나면 생계를 감당하지 못하고 비관자살을 택하는 끔찍한 비극을 조금은 줄일 수 있을지 모르겠다. 삶의 만족도가 조금은 올라갈 수도 있겠다. 하지만 그것이 행복의 전부라고 할 수도 없고, 완전한 사회안전망이라고 할 수도 없다. 그래서 국가의 복지를 보완해 줄 수 있는 동네 단위의 관계 중심 사회안전망이 필요한 것이다. 현재는 구멍이 숭숭 뚫린 복지그물망을 메워줄 수 있는 가장 효과적인 수단과 방법이라고 할 수 있다. 공동육아 공동체를 만들고, 공유 책방을 만들어 나누고, 문턱 없는 밥집을 만들어 밥상 공동체를 이루는 그런 동네공동체를 만들어 보자는 것이다. 그래서 지금은 우리의 동네를 스스로 키우고 연대의 정신을 살리면서 공동체 전체가 서로 살피고 돌보자는 요구가 높아지고 있는 것이다. 나는 이러한 첫 걸음을 동 주민센터의 복지 허브화를 통해서 시작해 보고자 하였다.

이 장에서는 국가복지에서 동네복지로, 돈 중심에서 관계 중심으로 전환하며 지역 주민들과 함께 추진했던 동 복지 허브화사업의 내용들을 소개해 보고자 한다.

1. 주민센터의 복지허브화

동 주민센터의 복지허브, 왜 필요한가?

사람은 혼자서는 살 수 없다. 사람 사이의 관계는 이웃과 더불어 사는 동네에서 구체화된다. 이웃과 더불어 산다는 의미는 '같은 범위의 공간'에서 '친밀한 관계'를 맺으면 산다는 말이다. 이 두 가지가 상호작용을 하면서 이웃사촌이라는 말이 생겨나게 되었다. 그래서 동네복지의 이상향을 달리 말하면 이웃사촌 만들기라고 이해해도 좋을 것이다.

이웃사촌을 만들고, 유지하며, 이웃과 더불어 사는 지역공동체를 만들어가기 위한 적절한 제도에 대한 고민의 결과가 바로 동 주민센터의 복지허브화이며, 이를 통해 동네복지체계를 구축하고자 하는 것이다.

왜 동 주민센터의 복지허브화가 필요할까? 주민들의 생활수준과 의식수준이 향상될수록 복지에 대한 욕구가 높아지고 다양해진다. 우리나라의 국민소득은 2014년 IMF 기준 1인당 2만 4천 달러이며, 올해 박근혜정부에서는 3만 달러를 목표로 하고 있다. 또한 정부의 복지예산도 2012년 기준 92.6조에서 2014년 기준 106.4조로 2년간 15%나 증가했다. 2013년 기준으로 17개 부처에서 292개 복지사업이 다양한 공급기관을 통하여 전달되었다.

하지만 여전히 주민의 복지서비스 접근은 용이하지 않다. 전체

복지사업의 약 58%인 170개 사업이 최일선 행정기관인 시·군·구와 읍·면·동을 통해 전달되고 있다. 주민 입장에서 보면 어떤 서비스를 어디 가서 받아야 하는지도, 좀 더 효율적으로 제공받을 방법은 없는지 알기 힘들다.

많은 복지행정 서비스 업무를 소수의 인력이 모두 담당하는 것도 문제다. 아산시 온양3동의 경우 기초생활보장업무 등 8개의 단위업무를 복지팀장을 비롯한 5명의 복지인력이 담당하고 있는 실정이다. 더욱이 최근에 기초연금대상자가 확대되고, 공공보육이 실시되자 폭발적으로 늘어나는 수요를 감당하지 못하는 경우도 생긴다. 복지행정이 주민 수요를 따라가지 못하는 형국이 된 것이다. 이런 점이 동 주민센터의 복지기능 강화를 위한 복지허브화를 추진하게 된 배경이다.

직원과의 상호작용을 통하여 지속 가능한 목표를 정하다

동 복지허브화 사업은 명칭에서부터 생소한 측면이 있다. 허브는 컴퓨터를 LAN에 접속시키는 네트워크 장치, 자전거에서 바퀴살이 딸려 나오는 휠의 중심부를 의미한다. 컴퓨터가 작동되기 위해 모뎀이 반드시 있어야 하는 것처럼 가장 중심이 되는 것을 일컫는다. 그러니까 동 복지허브화 사업은 동의 여건이나 상황에 맞춰 복지업무가 동 주민센터의 중심이 되도록 기능이나 인력을 개편하는 의미를 담고 있다.

처음에는 직원들이나 주민들이 이 사업을 이해하기 어려워했다. 동 복지허브화 사업이 왜 필요한지, 주민센터의 기능이 조정되면 무엇이 달라지는지, 직원들은 어떻게 일해야 하는지 다소 난감해했다. 나는 이것을 이해하기 위한 소통과 공감을 얻는 작업이 선행되어야겠다고 생각했다. 그도 그럴 것이 이 사업이 정착되려면 무엇보다 직원들의 노력과 각 사회단체의 적극적인 협조가 필수적이었기 때문이다.

동 복지허브화 사업의 구체적인 계획안이 마련되면서 전체 직원 회의를 통해 이 계획안을 설명하는 자리를 마련했다. 이웃이 이웃을 돕는 동네복지체계를 마련하기 위해서는 통장을 복지통장으로 위촉하여 역할을 부여하고, 동네별로 우리이웃지킴이를 모집해 저소득층 가운데 중점관리가 필요한 대상자를 지속적으로 방문하고 상담하는 새로운 체계가 구축되어야 한다는 계획을 차분하게 설명했다. 복지담당직원은 모두 복지코디네이터로 지정하여 민원상담과 방문상담이 체계적으로 이루어져야 한다는 점도 강조했다. 특히, 방문상담 결과를 모니터링하고, 지원이 필요한 사례관리 대상자에게는 맞춤형 지원이 이루어질 수 있는 방안도 설명하였다.

이 사업에서 가장 중요한 부분은 지속가능성이었다. 그러려면 체계적인 시스템을 갖추는 것이 선결 과제였다. 특히 직원간의 상호작용을 통한 협업시스템이 무엇보다 중요하다는 점을 강조했다. 이 새로운 복지체계가 만들어지면 보건, 교육, 복지, 고용, 주거 등의 맞춤형 서비스를 제공할 수 있고, 주민 주도로 지역 내의 문제를 해결할 수 있는 역량도 강화할 수 있기 때문이었다. 이러한 일련의 과정을 직원과 사회단체 간의 상호 협력을 통해 지속적이고 체계적으로 진행되도록 만반의 준비를 하였다.

복지 중심으로 업무를 재정비하다

목표는 뜬 구름 잡기 식으로 정하면 안 된다. 나는 주민과 공무원이 직접 피부에 와 닿을 수 있도록 실현 가능한 목표를 잡았다. 우선 동 주민센터의 복지업무 강화라는 목표를 실현할 수 있는 기반체계를 구축하기 위해 전체 업무에 대한 모니터링을 1개월간 실시하였다. 그 결과 현재의 여건에서 일부 업무를 시청으로 이관하는 것은 어려움이 있다고 판단되어 동 자체적으로 업무를 재조정하였다.

청소년 업무와 청소·환경 등의 일반 민원업무는 복지팀에서 총무팀으로 이관하고, 시청 여성가족과 업무인 출산장려금 업무는 총무팀에서 복지팀으로 이관하여 동 주민센터의 업무를 복지 중심으로 재조정하였다. 이렇게 되면 복지팀은 순수한 복지업무에 전념할 수 있게 되는 것이었다.

또한 노인, 장애인, 기초생활 등 영역별로 복지담당공무원의 업무가 나뉘어 있어 의사소통과 정보공유가 원활하지 못했던 것을 연계된 자리 재배치를 통해 공무원 간 업무에 대한 소통과 공감이 자연스럽게 이루어질 수 있도록 하였다.

협업시스템을 구축하다

온양3동에는 일반행정 업무와 복지행정 업무를 각각 총무팀과 복지팀에서 구분하여 추진해왔다. 그러다 보니 특정시기에 민원이 집중되면 한쪽 팀은 정신을 못 차릴 정도로 바쁜데, 다른 팀은 한가해지는 기현상이 벌어지고 있었다. 그래서 보육료 신청이나 초중고 교육비 신청 등의 복지업무가 집중될 때는 총무팀 직원이 순번을 정해 업무 지원을 하는 협업시스템을 구축하였다. 이러한 협업시스템은 칸막이 행정에서 벗어나 실질적으로 각 부서가 협조하면서 일하는 방식의 전환이다.

물론 팀별로 고유의 업무를 추진하기 때문에 자기가 속한 팀의 업무가 아니면 제대로 협조가 안 되는 것이 현실이다. 따라서 복지업무가 집중되는 시기에는 반드시 총무팀에서 업무를 지원할 수 있도록 명확한 협업시스템을 구축하려고 했던 것이다. 이 협업시스템이 의미를 가지는 것은 상대방의 업무에 대한 어려움이나 고충을 이해하게 되고, 어려울 때 서로 돕는 직장문화를 만들어가는 데 나름의 큰 기여를 했다는 점이다.

동장에게 복지행정에 대한 역할을 부여하다

동장은 단순히 행정 최일선 기관의 장을 의미하지 않는다. 이제 동장은 동 단위 복지공동체의 핵심 리더로서 자리매김을 해야 한다. 이러한 동장을 '복지동장'이라고 부를 수 있다. 복지동장은 동

주민센터의 업무를 총괄하면서 틈틈이 기초수급자 등의 취약계층을 방문해서 상담하고, 이들의 문제를 해결하는 데 동 행정을 집중할 수 있도록 해야 한다. 복지동장은 소외계층에 대한 관심과 배려를 통하여 살기 좋은 동네를 더불어 만들려는 목표를 달성하기 위해 선두에 나서야만 하는 것이다.

나는 동장에 대한 복지마인드를 제고하기 위하여 복지행정 관련 교육이수를 의무화하였다. 변화의 흐름을 빨리 인식하고, 변화를 이끄는 촉매 역할을 수행할 수 있도록 하기 위해서였다. 변화를 인식하면 사고의 프레임을 바꾸어서 생각을 혁신할 수 있다. 따라서 지역의 기관장인 동장은 지역의 문제를 해결하기 위해 변화에 민감하게 반응하고 신속하게 대응방안을 마련해야 한다. 이런 의미에서 기존의 동장실도 주민소통실로 바꿔 완전히 개방하였다. 이 주민소통실에서 복지 관련 상담이나 주민생활과 직결된 각종 민원상담이 이루어지게 하였다. 심층적인 상담이 필요할 때는 동장이 직접 민원을 안내하고 처리할 수 있게 하였다. 소규모 간담회를 하거나 사회단체가 회의를 할 때도 자유롭게 사용할 수 있도록 문을 활짝 열어놓았다.

나는 동장의 변화가 공무원의 변화를 이끈다고 믿는다. 동장이 변하고 공무원이 변하면 사회단체를 비롯한 지역주민의 변화를 선도하게 되고, 우리가 꿈꾸는 동네복지를 만들어 나갈 수 있는 큰 힘을 얻게 될 것이다.

당사자복지를 원칙으로 서비스를 연계 제공하다

앞서 이야기한 대로 대상자의 욕구를 해결하기 위해서는 우선 당사자가 스스로 그 일을 해결해 나갈 수 있는 방법을 찾아야 한다. 당사자의 경험이나 생각을 먼저 파악해서 그가 가진 장점을 찾아내고, 그것을 활용해서 욕구를 해결할 수 있도록 해야 한다. 또한 그 가족이나 친척, 이웃을 만나 욕구의 해결을 지속적으로 모색해 나가야 한다.

동 복지허브화 사업에서도 지속적인 방문상담을 통해 상당기간 꾸준한 사례관리가 이루어져야 한다. 그래서 나는 복지팀장을 비롯한 5명의 복지담당공무원에게 각자 담당하고 있는 업무 매뉴얼을 만들어서 서로 업무연찬을 하고, 매일 2인 1조로 방문상담이 이루어지게 하였다. 담당자가 부재중이어도 업무 공백이 생기지 않도록 복지담당공무원 전체가 복지코디네이터 역할을 수행할 수 있도록 하였다. 특히 방문상담을 통해 선정된 사례관리 대상자에게는 당사자에게 묻고, 의논하고, 부탁하는 당사자복지 원칙을 지키도록 하였다. 사례관리 회의를 거쳐서 대상자 스스로 욕구를 해결해나갈 수 있도록 서비스를 연계하여 제공하도록 하였다.

기존의 복지상담실을 과감하게 리모델링했다. 보다 아늑하고 편안한 상담실은 복지수요자와의 소통과 공감이 원활하게 해주는 데 크게 도움이 되었다. 가급적 편안한 가운데 대상자와의 상담을 하게 되면 담당자와 쉽게 라포(rapport; 사람과 사람사이에 생기는 상호신뢰관계)가 형성될 수 있다. 상담 분위기에 변화를 준 것은 무엇보다도 이러한 관계 형성을 제대로 이루어질 때 그 상담이 효과적이고, 그래야만 욕구를 해결하는 방안을 손쉽게 찾아낼 수 있기 때문이었다. 이것이 바로 당사자복지의 원칙에 입각한 해결방안이다.

동네복지체계의 발걸음을 떼다

본격적으로 동 복지허브화 사업이 추진되자 사업 시행 원년부터 다양한 맞춤형 복지서비스를 제공할 수 있는 동네복지체계가 구축되었다. 처음에 긴가민가했던 주민들의 기대감이 한층 높아졌다. 우리는 기초수급자와 차상위계층 약 800가구에 대한 방문상담을 목표로 정했다. 동의 복지코디네이터와 우리이웃지킴이가 함께 방문하여 개인별 생활실태를 파악하고 건강상태와 필요 욕구를 체크했다. 이를 통해 지원이 절실한 가구를 사례관리대상자로 선정했다. 단순 또는 복합 사례관리대상자로 선정된 가구에는 필요에 부합하는 다양한 복지서비스가 집중 지원될 수 있도록 하였다. 특히 주거환경개선이 필요한 가구를 위해서 88자원봉사대와 연계하여 도배, 장판, 지붕교체 등의 집수리를 지원했다. 반찬이나 물품이 필요한 가구는 행복드림 협약업체와 연계하여 지원했다. 또한 2천 원 후원계좌를 통해 모여진 돈으로 가스렌지, 전기밥솥, 이불 등 생활필수품을 구입하여 개인별로 맞춤형 서비스를 제공하였다. 그 외에도 장애인보조보행기 렌탈 서비스, 백내장 개안수술, 심리상담서비스 지원 등에 대해서도 기관 간의 협조체계를 구축하여 빠르게 지원될 수 있도록 추진하고 있다.

그 결과 8개월간 1,077가구를 방문 상담하여 그 중 70가구를 사례관리대상자로 선정 지원하였다. 집수리 10가구, 반찬지원 12가구, 학원연계 2구가, 의료비 지원 6가구, 기초수급자 등 공적제도 신청 10가구, 물품지원 21가구, 전문사례관리 연계 등 9가구를 지원하는 성과를 거두고 있다.

앞으로도 복지담당공무원과 복지통장 그리고 우리이웃지킴이와의 상호 연락체계를 통해서 동 복지허브화 사업은 이웃이 이웃을 상시적으로 돌보는 복지체계를 구축할 것이다. 또한 이 사업은 따뜻한 돌봄 복지, 더불어 사는 지역공동체의 복지를 실현하는 데 크게 기여할 것으로 기대한다.

전국 읍면동장 방문 등 여러 기관에서 벤치마칭을 하러 온양3동을 찾았다

2. 우리 동네 이웃지킴이

우리 이웃 지킴이는 이웃과 이웃을 잇는 연대의 축이다

　동 복지 허브화 사업의 성패는 동네 단위의 복지체계를 얼마나 체계적으로 만들어가느냐에 달려 있다. 이 사업을 추진하면서 제일 많이 고민을 했던 부분이 그것이었다. 어려움에 처한 이웃과 가까이에 사는 이웃이 서로 도우며 살가운 정을 나누며 살아갈 수 있게 하는 연대의 축을 만드는 것이 늘 고민이었다. 우리 조상들이 고유의 미풍양속인 두레나 품앗이, 향약이라는 체계를 만들어 어려움에 처한 이웃을 도왔던 행복 나눔의 문화를 만들어 가느냐라는 과제가 앞에 놓여 있다. 이 문제만 해결된다면 동네복지는 너무도 자연스럽게 이루어질 수 있다.

　동네를 다니다보면 동네의 모습과 주변 환경이 눈에 들어오고, 이야기를 나누는 주민들이 눈에 들어온다. 아직도 단독주택이 많은 동네에 가면 아주머니들이 삼삼오오 모여서 수다를 떨기도 하고 찬거리를 다듬는 모습을 흔히 볼 수 있다. 이러한 일상적인 만남과 대화에서 이웃 간의 정과 연대의 정신이 생기는 것이다. 반면, 새로 조성된 아파트 단지에는 잘 꾸며놓은 공원에서도 사람 구경을 하기 힘들다. 우리 이웃을 잇는 연대의 축은 동네 단위에서 사람 사이에 정을 느낄 수 있는 인간 연대의 축이라는 걸 실감하게 되었다.

　나는 우리 동에서 관할하고 있는 28개의 동네를 다니며 각 동네의 연대 축을 어떻게 만들까 고민했다. 법정동인 모종동, 권곡동, 신동을 어떻게 연결하여 동네 단위별로 이웃을 돕는 교류의 장으로 만들 수 있을까를 끊임없이 고민해 보았다. 하지만 약 3만 4천 명의 인구 중에서 무려 2만 5천 명이 아파트 단지에서 살고 있었다. 이런 상황에서 이웃을 잇는 연대의 축을 만들기는 어려웠다. 특히 140개가 넘는 빌라 단지와 60개가 넘는 원룸 단지는 내 고민을 더욱 깊게 만들었다. 어떻게든 아파트 단지를 동네 개념으로 만들어야만 동네 복지체계가 가능하다는 결론을 내렸다.

지역의 특수성을 감안하지 않은 연대의 축은 무의미하다. 우리 동은 이미 말한 대로 도농복합의 구조를 갖고 있다. 도시의 모습으로 빠르게 변모하고 있는 아파트 단지와 농촌의 모습을 그대로 간직한 자연부락이 함께 공존하고 있는 특수성을 감안하면서 연대의 축을 만들려면 동네 단위를 중심으로 한 인간 연대의 축을 세워야만 한다는 걸 깨닫게 되었다. 지역을 연대하는 것보다 사람과 사람의 교류를 통해 연대와 협동이 이루어지게 하는 것이 더 많은 효과를 가져다 줄 수 있다고 생각했다. 동 복지 허브화 사업의 핵심은 사람 냄새 나는 따뜻한 동네복지체계를 만드는 것이다. 그래서 아이디어를 낸 것이 바로 동네복지의 네트워크체계라 할 수 있는 온양3동 우리이웃지킴이였던 것이다.

네트워크를 살려 생각을 구체화하다

왜 동네를 주택단지의 개념을 넘어서 지역을 살리는 개념으로 보는 것일까. 그것은 아마도 동네가 규모의 경제로 해결할 수 없는 문제를 풀어낼 수 있는 열쇠가 될 수 있기 때문일 것이다. 주민들의 자부심이 강한 공동체를 만들려면 당연히 동네 공동체를 먼저 만들어야 한다. 그리고 나서 비시장경제의 가치라고 할 수 있는 동네복지가 자연스럽게 녹아들어가게 하면 주민들의 자부심이 강해질 것이고, 강한 공동체가 형성될 것이다.

어린 시절 우리네 동네에는 인정이 넘치는 곳이었다. 이웃집 어른이 잘 주무셨는지, 식사는 하셨는지 여쭙는 것이 일상화되어 있었다. 혹여 편찮으시면 직접 죽을 쑤어오기도 하고 간병을 하기도 하였다. 이처럼 동네복지는 사회적 자본의 성격을 가지고 있으며 산술적으로 평가할 수 없는 비시장적 가치를 지니고 있다.

따뜻함을 유지하면서 이웃이 이웃을 돌보는 동네복지체계를 만들기 위해서는 민관의 협력이 필수적이다. 나눌 수 있는 사람과 나눔이 필요한 사람을 연계해 주어야 하기 때문이다. 동 복지 허브화 사업은 민과 관의 네트워크를 구축하여 이 양자를 연계해 주는 것이다. 어려운 사람들을 직접 찾아가서 공감하고 느끼고 이들의 어려움을 해결해 주고자 하는 노력이다. 이러한 생각과 희망사항을 구체화한 것이 바로 우리이웃지킴이였다.

우리이웃지킴이라는 명칭은 직원들과의 많은 토론과 고민 끝에 결정되었다. 어떻게 하면 동네복지체계의 의미를 반영할 수 있을까를 고민해서 만든 명칭이다. 동네복지체계를 구축하는 데 있어서 가장 중요한 역할을 담당하는 사람들을 지칭할 명칭을 직원 공모를 통해 했고, 의견 수렴과정을 거쳐 최종 투표를 통해 선정했다.

우리이웃지킴이 모집을 위해 언론 홍보를 하고 플래카드를 내걸어서 자발적인 참여를 유도했다. 또한 통장협의회를 통해서 사회단체가 회의를 할 때 적극적으로 알려서 봉사에 뜻을 둔 많은 주민들이 참여하도록 협조를 구했다. 그 결과 48명의 신청자가 접수되었다. 우리 지역에서는 처음으로 하는 사업이었지만 실로 많은 숫자였다. 동 복지 허브화 사업을 계획하면서 가장 염두에 두었던 당사자복지를 조금씩 조금씩 실천해 나간 결과였다. 어려운 사람들을 직접 찾아가서 공감하고 그들과 함께 하고자 했던 노력의 결과물이었던 것이다. 우리이웃지킴이라는 복지 브랜드는 이웃 간의 네트워크를 살려 구체화시킨 결과였고, 더불어 살고 싶어 하는 지역사회를 만들고자 하는 민관의 공동노력이 낳은 결실이었다.

온양3동 우리이웃지킴이를 발족하다

2014년 12월 한 달간 모집 공고를 내고, 동네 통장님들의 협조를 받아 46명으로 우리이웃지킴이 사업을 시작하였다. 보다 효과적으로 일을 수행하기 위해 가이드북을 만들고, 복지역량 강화를 위한 강사를 섭외하는 등 약 20일간의 준비기간을 거쳐 온양3동 우리이웃지킴이 발대식을 개최하게 되었다. 지킴이 활동에 동참해준 사람들은 대부분 생업에 종사하고 있었지만 오직 이웃을 돕겠다는 생각으로 봉사활동에 참여를 해주었다.

발대식이 개최되는 날은 유난히 매서웠던 소한, 대한의 날씨마저 비웃듯이 추웠다. 그런 날씨일수록 이웃에 대한 염려가 더욱 커진다. 그동안 날씨에 개의치 않고 도시락과 연탄을 배달하고, 김장 나눔 행사를 치렀지만 늘 무언가 부족하다는 느낌을 지울 수 없었다. 후원물품 지원도 중요하지만 무엇보다도 사람의 정, 이웃의 정을 느낄 수 있는 것이 그 무언가가 부족했기 때문일 것이다. 이런 간절함에 대한 답을 찾으려고 '복지통장 및 우리이웃지킴이' 발대식을 개최하게 되었던 것이다.

공식적인 발대식 행사 전에 복지팀장은 각 동네를 분담하고 있는 직원을 소개하고 지킴이와의 연락체계가 원활하게 이루어 질 수 있는 시간을 가졌고, 우리이웃지킴이 가이드북 사용방법에 대한 안내도 실시하였다. 가이드북에는 복지시책에 대한 안내, 대상자 상담 시 주요 실태를 메모하여 제출할 수 있도록 한 상담카드, 복지기관과 직원, 복지통장, 우리이웃지킴이 연락처 등 방문상담에 필요한 기본적인 사항을 수록해 놓았다. 직원과 우리이웃지킴이가 함께 첫 방문을 할 때 대상자와의 관계 형성에 도움을 줄 수 있는 기본적인 상담 기법까지 안내하였다.

이어서 진행한 복지역량 강화 교육에서는 '복지통장' 및 '우리이웃지킴이' 활동이 기존의 자원봉사활동과는 완전히 다른 개념임을 설명하였다. 현재 우리나라는 지역 공동체가 위축되어 있고 복지예산이 부족해 많은 어려움을 겪고 있다. 반면 복지에 대한 기대 수준은 높아져서 낯선 사람들이 벌여온 일회적 봉사에만 전적으로 복지를 맡길 수 없는 실정이다. 결국 친숙한 이웃주민들이 나서서 부족하고 고립된 이웃을 서로 연결해주는 선순환 구조를 만들어야 한다는 얘기다. 바로 그 중심에 '복지통장'과 '우리이웃지킴이'가 있는 것이다.

강연의 핵심은 도움을 '주는 사람'과 '받는 사람'이 구분되어 있으면 진정한 복지를 이룰 수 없다는 것이었다. 폭넓은 사회적 관계망 구축이 동네복지의 핵심이다. 예전에는 젊은 새댁이 맛있는 반찬을 만들어 "맛 한번 보세요!" 하며 이웃에 권하면 절대로 빈 그릇으로 되돌아오지 않았다. 그릇에 삶은 고구마나 찐 계란이라도 담아서 되돌아왔다. 이웃집 할머니에게는 마실 가는 것이지 '말벗 봉사'를 가는 게 아니었다. 이러한 관계와 소통을 기반으로 한 사회적 관계망을 구축해야만 실질적인 복지가 가능한 것이다. 강연에서는 이론과 지식을 겸비한 젊은 사회복지사와 노인들이 서로 원활하게 소통하고 친숙한 관계를 맺어가도록 중재하는 역할이 중요하다는 것을 강조하였다.

2부 발대식에서는 복지통장 28명과 우리이웃지킴이 46명에게 위촉장을 수여하고 선서문을 낭독하였다. 아울러 그동안 준비한 '동

복지 허브화 사업'의 추진배경을 설명하였다. 그 배경은 앞에서도 밝힌 것처럼 부족한 인력, 기초연금대상자 확대, 공공보육 실시로 인해 수요가 폭발적으로 증가했고 그에 부합하는 복지행정이 절실했기 때문이었다. 경과보고에 이어 시장님의 격려사가 있었다.

"아산시의 행복키움추진단이 놀라운 성과를 낸 이유는 전국 최초로 '행복드림사업'을 함께 추진했기 때문입니다. 이는 아산시 고유의 모델로 바로 여기 계신 전병관 동장님의 기획안에서 출발했습니다. 전국에서 벤치마킹하는 모범 사례입니다."

사실 2년 전에도 홀몸어른신들에게 전화로 안부를 묻는 서비스를 시행해 '저비용 모범 복지정책'이라고 국무회의에서 높은 평가를 받은 적이 있다. 물론 그 정책은 지금까지도 계속 시행되고 있다. 2014년에는 행복키움지원사업을 시행하는 전국 228개 시·군·구를 대상으로 평가하는 '복지행정상'에서 대상을 수상하기도 했다. 이날 참석자들은 복지수요가 폭증하는 지금 '수요자 중심의 찾아가는 복지'를 추진하는 동 복지 허브화사업이 우리나라 복지의 미래를 가늠해볼 수 있는 중요한 복지체계라고 입을 모았다.

복지통장 및 우리 이웃 지킴이 발대식 모습

우리의 선서

몇 개월 안 되는 짧은 기간이었지만 직원들과 동네 곳곳의 기초생활수급자 가구를 방문하면서 느낀 생각을 토대로 마련한 기획이 동 복지 허브화 사업이다. 이 사업의 성패를 가르는 핵심을 말하라면 당연히 동네복지체계의 구심점 역할을 하는 우리이웃지킴이라고 하겠다. 찾아가는 복지서비스를 실현하는 데 복지담당공무원의 역할도 중요하지만 어려운 이웃을 가까이에서 자주 찾아보고 돌봐줄 수 있는 우리이웃지킴이의 활동은 그 무엇보다 중요하다.

물론 지킴이 중에는 후원금품을 지원하거나 시간이 날 때 봉사활동을 조금 하면 되겠지라고 생각한 분도 있다. 아니면 공공성을 띤 기관에서 추진하는 사업이기 때문에 신청하신 분들도 있을 수 있다. 그러나 대부분은 정말 어려운 이웃과 함께 하고 싶어 신청하신 분들이다.

우리 이웃 지킴이는 기초생활수급자나 한부모 가정, 차상위계층 중에서 중점 관리가 필요한 사례관리대상자를 주 1회 이상 방문하여 이들이 생활하는 데 어려움은 없는지, 필요한 것은 무엇인지 당사자에게 묻고 의논하고 부탁하는 과정을 통해 당사자 복지를 실현한다. 모든 상담 내용은 동 주민센터 복지담당공무원과 공유하고, 이를 통해 알게 된 각종 개인적 정보는 철저하게 비밀을 유지한다.

우리의 선서

우리는 온양3동 복지통장 및 우리이웃지킴이로서 활동을 시작함에 앞서 다음과 같은 노력을 기울여 나갈 것을 엄숙하게 선서합니다.

하나, 우리는 기초생활수급자 등 어려운 가구를 주 1회 이상 방문하여 이웃의 정을 느끼게 하고 이들의 어려움을 함께 돕는 데에 최선의 노력을 다한다.

하나, 우리는 어려움에 처한 이웃을 찾아내고 이들을 돕기 위한 민간 복지자원 발굴 및 연계에 적극적인 노력을 다한다.

하나, 우리는 동네를 중심으로 상시 복지담당공무원과 복지통장 및 우리이웃지킴이와의 상호 연락체계를 구축하여 이웃이 이웃을 돕는 동네 복지의 중추적인 역할에 최선의 노력을 다한다.

하나, 우리는 복지통장 및 우리이웃지킴이 활동을 하면서 알게 된 개인정보는 일체 타인에게 누설하지 아니하고 철저하게 비밀을 지킨다.

2015. 1. 23.

온양3동 복지통장 및 우리이웃지킴이 일동

모두 함께 온양3동 지역을 학습하다

복지통장과 우리이웃지킴이 활동은 동네복지체계를 만들어가는 데 있어 이웃과 이웃을 연결시켜주는 촉매이다. 이들은 동네에서 사람들 간의 연대를 공고히 하고 동네를 보다 밝고 건강하게 만들어가는 데 중요한 역할을 수행하고 있다. 우리이웃지킴이를 모집하여 먼저 동네를 학습하게 한 것도 동네 안에서의 연대에 대한 감성과 소중함을 키우게 하기 위해서였다. 이를 통해 동네 안에서 공동체성이 강화되면 동네복지체계는 자연스럽게 만들어갈 수 있다. 특히 복지담당공무원과 주민이 함께 공감을 해야만 동네에서 다양한 생각과 희망을 모아낼 수 있고, 서로 협력하고 도움을 주고받는 행복나눔의 문화를 정착시킬 수 있다.

동네의 어려운 이웃을 방문하고 당사자와 상의하면서 그가 필요한 것을 찾고 어떻게 도와줄 수 있는지를 찾아내려면 무엇보다도 동네에 대한 학습이 필요하다. 지역을 꿰뚫고 있는 복지통장과 연계해서 우리이웃지킴이 활동을 펼치게 한 이유도 여기에 있다. 또한 동 주민센터의 복지담당공무원과 함께 방문하고, 동네의 자원을 발굴하고 재평가를 하여 활용 가능하도록 하는 이유도 여기에 있다. 결국, 동네에서의 연대를 통한 연계 활동은 동네사람들과 도움을 주고자 하는 후원업체들이 자발적으로 참여할 수 있는 길을 만들어주고 있는 것이다.

워크숍을 통한 공동학습

복지통장 및 우리이웃지킴이 활동이 지속가능한 목표를 가지고 활동하려면 또 다른 학습이 절실했다. 이러한 공동학습의 필요성을 느끼고 분기별로 워크숍을 진행하기로 하였다. 발대식이 개최되던 날, 첫 번째 워크숍을 통해 지킴이 활동에 협력해줄 복지통장과 복지담당공무원의 상견례가 있었다. 가이드북을 어떻게 활용하는지, 방문 상담 시 기본적인 유의사항을 안내했다.

이어서 진행된 특강에서 김미경 강사는 복지통장과 우리이웃지킴이의 역할이 누구나 할 수 있는 기존의 자원봉사와는 완전히 다른 개념임을 강조하였다. 이것은 우리이웃지킴이 활동이 더불어 살면서 이웃의 정을 느끼게 하는 역할인 동시에 어려움에 처한 대상자를 방문 상담하는 활동으로 그 어떤 자원봉사와도 차별되는 활동이기 때문이었다. 특히 복지통장과 우리이웃지킴이 활동은 폭넓은 사회관계망을 형성하여 동네복지를 구현하는 결정적인 계기가 된다고 재차 강조했다. 마지막으로 김미경 강사는 복지통장 및 우리이웃지킴이가 사명감과 자부심을 갖고 활동에 임해달라고 당부했다.

5월에 개최된 2차 워크숍은 좀 더 세부적인 이야기를 나눌 수 있는 자리였다. 복지통장과 우리이웃지킴이가 방문 상담 활동을 하면서 느꼈던 애로사항과 건의사항 그리고 보람 있던 일들을 허심탄회하게 이야기하면서 토론하는 자리가 마련되었다. 방문상담 가구를 5가구 이내로 조정하여 수시 방문이 이루어지게 하여 가족의 정을 느낄 수 있게 하자는 의견이 있었다. 또한 처음 방문할 때에는 복지통장이나 복지담당공무원이 동행을 해주고, 동 주민센터에서 임명한 우리이웃지킴이 명찰을 목에 걸고 방문하자는 의견도 있었다. 지킴이 활동을 하면서 복지 자원을 발굴하여 필요한 부분을 채워줄 수 있는 적극적인 지원 체계도 마련하자고도 하였다. 지킴이들은 다양한 의견을 통해 우리이웃지킴이 활동을 통해 사람 냄새 나는 옛 동네로의 회귀를 바라는 마음을 전달하려고 했다. 이후의 강연에서는 광주의 '더불어 락 복지관' 강위원 관장님이 대상자의 존엄성을 높이는 방향으로 우리이웃지킴이 활동이 전개되어야 한다는 점을 강조하였다.

이처럼 워크숍을 통한 공동학습은 활동이 진행되면서 좀 더 세부적이고 실질적으로 이루어졌다. 이제 동네복지체계를 만들어가는 분위기는 꽤나 무르익었음을 확인할 수 있었다.

복지통장 및 우리이웃지킴이 워크숍

좋은 느낌으로 맺어진 인연

우리이웃지킴이는 이제 77명으로 늘어나 180여 명의 중점 사례 관리대상자를 관리하고 있다. 그간 동 직원으로 구성된 복지코디네이터가 기초생활수급자 가구를 방문하여 가구별 실태나 건강, 복지 욕구를 파악한 후 중점관리 대상이 필요한 대상자를 선정하여 꾸준히 우리이웃지킴이와의 연계를 통해 돌봄이 이루어졌기 때문에 가능했다. 애초에 생각했던 대로 대상자와 우리이웃지킴이는 좋은 느낌으로 만남을 이어갈 수 있었다. 이 작은 변화들이 우리 지역을 조금씩 살맛나는 동네로 만들어가고 있다. 아래의 몇 가지 사례는 그 작은 변화가 얼마나 큰 변화를 이끌어내는지를 확인할 수 있게 해줄 것이다.

〈사례 1〉

우리이웃지킴이와의 행복한 동행

우리이웃지킴이 활동을 누구보다 행복하게 하고 계시는 이 선생님과 방문상담을 함께 하기로 하였다. 이 선생님은 모종11통 주공임대아파트에서 혼자 거주하시는 할머니 4가구를 맡고 계셨다. 나는 방문 전날 이 선생님의 상담일지를 살펴보고 이들의 생활실태를 어느 정도 파악하고서, 다음날 함께 아파트 주차장을 향해 차를 탔다. 오후 4시가 조금 지난 시간이었다.

이 선생님은 미리 준비한 간식인 빵을 내게 주면서 경로당 할머니들에게 드리라고 하였다. 선생님 손에는 두부며 새송이버섯, 밑반찬이 든 봉지가 두 개 들려 있었다. 난 영문을 몰랐지만 시키는 대로 빵을 들고 경로당에 들어섰다. 문을 여니 경로당 안에서는 노래 프로그램이 진행 중이었다. 할머니들은 이 선생님을 보자 모두 반가워 손을 잡았다. 이 선생님이 나를 동장이라고 소개하면서 어르신들 드시라고 간식도 준비해 오셨다고 너스레를 떨었다. 그러고는 어르신 두 분을 차례로 만나 그 동안 별일 없었는지, 아픈 데는 없는지를 묻고는 준비해온 반찬거리를 건넸다. 할머니들은 이 선생님의 손을 잡은 채, 돈 벌기도 어려운데 이런 건 왜 사오냐며 시집간 딸 나무라는 것처럼 대했다. 이 두 할머니들은 오후에는 늘 경로당에 계신다고 했다. 경로당 프로그램을 진행하는 강사들도 이 선생님을 반갑게 맞이했다. 나는 잠깐 동안의 만남이었지만 이 선생님과 할머니들의 돈독한 관계가 맺어지기까지 얼마나 많은 시간과 노력이 들어갔는지를 깨달을 수 있었다.

경로당을 나와 앞 동에 계시는 할머니 댁을 방문했다. 할머니는 이 선생님이 오는 걸 알고 미리 현관문을 열어 놓고 있었다. 인사를 하며 들어서는데 어르신이 반은 누워서 인사를 받으셨다. 들어보니 할머니는 소아마비로 전통 휠체어에 의지해 살아가신다고 한다. 나는 평소에 식사나 생활을 어떻게 하시는지 물었다. 할머니는 몇 년 전 교통사고를 당한 언니가 집안일을 하고 있다고 한다. 이 할머니도 이 선생님을 보자 반가워서 어쩔 줄 몰라 하신다. 나는 그 모습을 보고 또 한 번 이 선생님의 친화력에 감동을 받았다. 소아마비로 일상생활이 많이 불편하실 텐데 그늘 한 점 없는 맑은 표정을 보니 내 마음도 같이 밝아지는 것이었다. 이 선생님이 자주 찾아뵙는데도 무슨 할 얘기가 그리 많은지 시간가는 줄 모르고 이야기꽃을 피우는 두 분의 모습이 예쁘고 아름다웠다.

마지막 방문지는 같은 동 7층이었다. 이 댁에 사시는 송 할머니도 역시 현관문을 열어 놓고 계셨다. 송 할머니는 이 선생님이 언제 오나 베란다 앞에서 주차장을 쳐다보고 계셨다. 차에 내리는 걸 봤는데 왜 안 오나 하고 걱정하고 계셨단다. 송 할머니는 우리가 집을 나설 때까지 내내 이 선생님의 손을 잡고 계셨다. 할머니는 낮에 주로 경로당에 계셨는데 관절염이 심해지면서 그나마 나들이도 못한다고 하신다. 방 한쪽에는 서울에 사는 아들과 손자들의 사진이 가지런히 걸려 있었다. 나는 이 선생님의 손을 꼭 잡고 얘기하시는 할머니 모습을 보면서 사람의 정이 늘 그리운 분이구나 하고 생각했다. 반찬을 건네자 요즘 돈 벌기도 어려운데 뭐 하러 사왔냐며 앞으로는 아무것도 사오지 말라고 당부를 하신다.

"어머님 자주 뵙기 위해서 열심히 일하고 있으니까 아무 걱정 마세요."

이 선생님은 대학에 다니는 아이들도 아르바이트를 하면서 학교를 다니니까 괜찮다고 덧붙인다. 나는 두 분을 보면서 영락없는 모녀지간 같다고 생각했다. 이 선생님은 관절염 때문에 바깥출입을 제대로 하실 수 있는지 묻더니 동사무소에서도 보행기 지원이 가능하다고 말씀드렸다.

"우리 딸이 나를 이렇게 세심하게 챙긴다니까."

지킴이 활동 몇 개월 만에 할머니와 이런 자연스러운 관계를 만들어낸 이 선생님한테 나는 감동을 받았다.

의지할 곳 없는 어르신들에게 우리이웃지킴이는 세상과 소통하는 유일한 사람일 수도 있다. 때때로 왕래하면서 안부를 묻고 이야기를 나누는 것이 얼마나 중요한 일인지를 다시 한 번 깨닫게 되었다. 좋은 이웃 한 명만 있어도, 마음을 터놓고 이야기를 나눌 수 있는 한 사람만 있어도 동네는 살만해진다. 나는 사실 이 선생님을 따라 나서면서 우리이웃지킴이 활동이 당초 취지대로 운영되고 있는지를 확인해보려고 했었다. 그런데 그것은 기우였다. 오히려 그 날의 동행은 내게 한없는 기쁨과 행복을 가져다 주었다.

〈사례 2〉
복지통장의 이웃사랑

　기초생활수급자 가구 중에서 혼자 사시는 어르신이나 장애인 가구는 중점 관리대상으로 분류하여 우리이웃지킴이가 방문상담을 하고 있다. 각 통장님은 이와는 조금 다른 역할을 부여받았다. 복지통장으로 임명된 분들은 어려운 가구가 누락되지 않도록 대상자를 발굴하고 기초생활수급자에 대한 상담활동을 수행하고 있다. 28개 동네의 통장님들이 모두 역할을 잘해주고 있지만 특히 권곡4통의 최통장님을 소개하려 한다.

　통장님은 전에 온양3동 바르게살기운동협의회 총무를 맡아 일을 하셨다. 그 당시에도 봉사활동을 왕성하게 하셨다고 한다. 그래서인지 올해 초에 권곡4통장으로 임명되고 동네의 대소사를 모두 챙기시면서 그 진가가 드러나기 시작했다.

　나는 동장으로 발령을 받고 나서 관내 현황을 꼼꼼하게 파악하려고 곳곳을 걸어다녔지만 동네 구석구석을 다 알기에는 부족하다는 것을 느꼈다. 평소에 예산국밥집에서 원예농협 쪽으로 많이 걸어 다녔지만 그곳의 하수관거가 아직 정비되지 않았다는 것을 통장님 얘기를 듣고 나서야 알게 되었다. 문제의식을 가지고 현장을 다니지 않으면 아무리 여러 번 다녀도 눈에 보이지 않는 법이다. 소규모 주민숙원사업인 하수관거 설치는 최 통장님의 노력 덕분에 이룰 수 있는 사업이었다.

최근 온 동네에서 불법 쓰레기 처리가 문제되고 있다. 동사무소에서도 가장 많이 접수되는 민원인데 효과적인 처리 대책을 내 놓기도 어렵다. 그런데 권곡4통장님은 불법으로 버려지는 쓰레기 투기 지역을 일일이 다니면서 자율적으로 해결방안을 모색하고 있다. 동네에서 해결할 수 있으면 주민들과 함께 처리하고, 그것이 어렵다면 동사무소에 오셔서 머리를 맞대고 고민하신다.

동네별 2천 원 후원구좌 발굴사업에서도 최 통장님의 열정을 확인하게 된다. 후원구좌는 동네별 목표가 4개월 만에 달성되어 점점 신경을 덜 쓰고 있는 상황이다. 하지만 최 통장님은 평소에 이용하는 식당, 병원, 한의원 등에 우리 동의 복지 허브화 사업을 홍보하고 후원구좌를 지속적으로 발굴하고 있다.

권곡4통의 기초생활수급자를 모두 파악하기 위하여 각 가구를 일일이 방문하고 있다. 통장이니 어떤 가정이 어려움을 겪고 있는지, 어떤 도움이 필요한지 모두 알아야 한다는 것이다. 언젠가 기초생활수급자 가정을 통장님과 함께 방문했을 때였다. 할아버지는 치매와 전립선 수술로 거동도 못하고 욕창까지 생겨 큰 어려움을 겪고 있었다. 5년 전에 이혼한 딸이 아버지 병간호를 하며 근근이 생활하고 있었다. 최근에는 아버지의 병이 악화되어 대소변까지 다 받아내야 하는 상황이었다. 당장 욕창 매트와 연탄이 필요했다. 통장님은 이 가구를 방문하기도 전에 이 이야기를 먼저 들려주었다. 권곡동이 도시지역에 가깝고 원주민이 적기 때문에 동네의 사정을 속속들이 파악하기 쉽지 않다는 걸 알고 있었다. 그런데 동네의 소소한 문제를 전부 파악하고 그것을 해결하기 위해 열정적으로 방문상담을 하시는 통장님의 모습에서 나는 동네복지의 미래를 볼 수 있었다.

일일이 가정을 방문하고, 안부를 묻고, 어떤 어려움이 있는지 파악한 다음 아무리 조그만 일이라도 동사무소에 전달하신다. 동네분들과는 수시로 연락을 주고받아 혹시라도 시기를 놓치거나 빠트리는 일이 없도록 하고 계신다. 최 통장님이야말로 이웃사랑을 실천하는 복지통장의 원형 같은 분이라고 할 수 있다.

〈사례 3〉
112민간순찰대의 우리이웃지킴이 활동

나는 동장으로 부임하고 나서 112민간순찰대 이 대장님과의 만남은 행운이라고 생각해왔다. 지난해 온양3동에 발령을 받고 나서 기관단체장들에게 인사를 하러 다녔다. 그때 나는 다른 지역에는 있는 기관단체협의회가 왜 우리 동에는 없을까 궁금했다. 농어촌공사나 국민건강보험공단 등의 기관이 소재하고 있었지만 동 단위 기관과는 격이 맞지 않았다. 88자원봉사대와 112민간순찰대도 시 소속의 사회단체였다. 그래서 통장협의회 등 6개의 단체와 학교로 기관단체협의회를 구성하기에는 애매모호한 부분이 있었다. 아마도 이런 이유 때문에 기관단체협의회가 창립되지 못한 것이었을까. 어째든 나는 단체 간의 협조나 온천지구대의 협력 그리고 농협이나 축협 등의 후원이 필요하다고 판단했다. 그래서 88자원봉사대와 112민간순찰대를 포함하는 온양3동 기관단체협의회를 창립하였다. 이렇게 해서 만나게 된 분이 이 대장님이다.

성품이 너그러운 이 대장님은 매사에 긍정적이고 적극적이다. 그러니 대원들의 신임이 두터운 것은 말할 것도 없고 일도 잘 추진되고 있었다. 이대장님을 만나고 나서 112민간순찰대의 특수성도 이해할 수 있었다. 다른 사회단체와는 다르게 순찰대에는 보조금이 없었다. 순수하게 대원들의 회비로 운영되는 단체였다. 이런 단체는 대원들간의 단합이 잘 되고, 봉사활동에서도 모범을 보여준다. 나는 112민간순찰대가 지역을 위해 하나의 마음으로 뭉쳐 있기에 가능한 일이라고 생각했다.

이 대장님을 만나고 나서 나중에 순찰대를 방문했다. 순찰대 사무실은 충남도 소유의 부지에 컨테이너형 조립식 건물을 사용하고 있었다. 하지만 식수문제와 화장실을 해결하지 못해 불편을 겪고 있었다. 그래서 나는 시청 상하수도과와 환경보전과의 협조를 받아 상수도 시설 및 하수관거를 연결하고 화장실을 설치하였다. 또한 사무실 주변 공간이 넓은 공용주차장이라 경관이 좋지 않았다. 나는 지역 의원님의 협조를 받아 예쁜 꽃나무 울타리를 만들어주기로 약속했다.

112민간순찰대에서는 동 복지허브화 사업인 2천 원 후원구좌에 전 대원이 단체 가입을 해주었고, 동사무소 일에도 적극 협조해 주었다. 또한 낡은 연립주택에 벽화를 그리는 사업에도 개인적으로 50만 원을 내주셨다. 그리고 무엇보다도 야간 순찰 코스인 한올중고등학교 부근의 기초생활수급자 가정을 일일이 방문하여 안부를 묻고 어려움을 꼼꼼이 체크했다. 그리고 대상자 가구를 손쉽게 찾을 수 있도록 대문 앞에 하트 모양의 스티커를 부착하였다. 스티커에는 순찰대 연락처를 적어서 긴급한 상황이 발생하면 즉시 연락이 이루어질 수 있도록 조치하였다. 이미 몇 개월간 우리이웃지킴이 활동을 하면서 수시로 안부를 확인하여야 하는 가구와 한 달에 한두 번 정도 방문해도 되는 가구를 선별하여 상담의 효율성도 높이고 있다.

한 번은 우리 동 지구대장님과 함께 야간 순찰과 우리이웃지킴이 활동을 파악하기 위하여 동행했다. 우리는 노부부가 사는 오래된 빌라를 방문하였다. 부부 모두 대학을 나와 안정된 회사생활을 하다가 97년 IMF 위기 때 실직한 후 저소득층으로 추락한 집이었다. 본인들도 그렇지만 자녀들까지 신용불량자가 된 것이 가장 가슴 아프다고 하였다. 나는 복지국가의 기본 근간인 4대 보험이 실질적 보장체계를 갖추었더라면 노부부가 지금처럼 어렵지는 않았을 것이라고 생각했다. 국가의 복지제도가 미흡하니까 이 부족분을 동네복지

복지통장의 원형 최통장님

활동을 통해 메워나가야 하지 않나 싶다. 노부부가 이런 저런 이야기를 하는 동안 이 대장님은 무언가를 열심히 적고 계셨다. 이 대장님이 생활하는 데 불편함은 없는지 묻자 노부부는 화장실 변기가 새고 있다고 했다. 그러자 이 대장님은 직접 살펴보고 고쳐주겠다고 하였다. 씽크대에서 녹물이 나오는 것도 점검을 해보겠다고 약속했다. 이 대장님은 종합건설 사업을 하기 때문에 웬만한 수리는 직접할 수 있었다.

본인 사업을 하기에도 바쁘실 텐데 야간 순찰에, 우리이웃지킴이 활동까지, 그리고 낮에 틈나는 대로 중점 관리 대상자를 찾아가 어려움을 해소해 주려는 걸 보면서 감동을 받았고 감사한 마음도 들었다. 나는 112민간순찰대와 이 대장님의 활동을 통해 더불어 살아가고자 하는 연대의식도 강하게 자리잡은 살기 좋은 온양3동이 멀지 않았다는 생각마저 들었다. 112민간순찰대의 진정한 우리이웃지킴이 활동에 큰 박수를 보내고 싶다.

〈사례 4〉

함께 의논하여 관계의 힘을 발휘한 청소년지도위원들!

온양3동에는 청소년지도위원회가 구성되어 있다. 건전한 청소년 육성과 선도를 목적으로 운영되는데, 사실 처음이다 보니 작년에는 이렇다 할 사업을 추진하지 못했다. 그래서 올해에는 위원 일부를 청소년 전문가로 교체하고 연간 사업계획을 수립하게 했다. 다행히 위원장님이 청소년 분야에서 폭넓은 봉사활동을 하고 계셔서 새로운 전문가를 영입하는 데에도 큰 어려움이 없었다.

올해에는 위원회의 구성 목적에 맞게 학교 앞 교통질서 캠페인을 정기적으로 실시하고, 관내의 어려운 청소년을 돕는 사업에 중점을 두기로 결정하였다. 위원들은 많은 사업을 벌이기보다는 한두 개의 사업이라도 지속적이고 정기적으로 추진하는 것이 의미가 있다는 데 입을 모았다.

학교 앞 교통질서 캠페인은 한올중고등학교 정문 앞에서 매월 마지막 주 화요일에 실시하는데, 사회단체와 온천지구대가 함께 참여하여 학교폭력 예방 캠페인도 병행하기로 하였다. 형편이 어려운 청소년을 돕는 사업은 우선 공동생활가정인 '따뜻한 둥지' 아이들을 정기적으로 후원하기로 하였다. 이 사업은 청소년 후원사업인 동시에 우리 동의 우리이웃지킴이 활동과 연계하여 추진할 수 있다. 다만, '따뜻한 둥지' 아이들을 어떻게 후원할 것인지, 정기적으로 아이들에게 도움을 줄 수 있는 방법은 무엇인지에 대하여는 시설 원장님을 만나 의논하여 결정하기로 하였다.

'따뜻한 둥지'는 권곡동 삼부르네상스 아파트 1층 1, 2호 라인을 통합하여 1호실은 여학생이, 2호실은 남학생이 이용할 수 있게 구조를 변경하여 만든 일종의 그룹홈 시설이다. 학생들이 일반가정처럼 편안하게 지낼 수 있는 주거환경을 제공하고, 아이들의 개별적인 특성에 맞추어 양육하는 아동복지시설이다. 아이들이 식사를 하거나 함께 모임을 할 때는 서로 왕래가 될 수 있도록 베란다에 문을 설치하였다. 이런 구조는 부모님을 모시는 일반 가정이나 형제 세대가 함께 거주하고 싶을 때 유용할 거라는 생각이 들었다.

나는 청소년지도위원들과 함께 '따뜻한 둥지' 원장님을 만났다. 아이들에 관해서 많은 이야기를 나누다보니 15명의 초·중·고 학생들을 원장님과 생활지도사 선생님 한 분이 돌본다는 것이 얼마나 어려운지 금방 알 수 있었다. 아이 한둘 키우는 것도 벅찬데 15명의 아이들을 부양한다고 생각하니 마음이 더 무거워졌다. 특히 원장님은 아이들 양육 문제뿐만 아니라 졸업 후의 진학이나 취업도 고민해야 했다. 고등학교 졸업 후에는 어떤 지원도 받을 수 없으니 원장님의 이런 고충을 짐작하고도 남았다.

아이들의 입소 배경, 학교생활, 그룹홈 운영사항 등을 원장님에게 듣고 나서 아이들에게 조금이라도 도움이 될 수 있는 것이 무엇인지 함께 찾아보기로 하였다. 원장님도 아이들과 함께 상의해 보겠다고 하였다. 우리 위원님들도 일방적으로 지원을 결정하지 말고 아이들이 원하는 것을 후원해 주면 좋겠다고 결정하였다. 아이들과 만나는 것도 아이들이 원하면 하기로 했다. 그렇지 않으면 조용히 후원만 하기로 한 것이다.

아이들은 다른 집 아이들처럼 주말에 외식을 하고 영화 보는 것을 1년에 몇 번만이라도 해보고 싶다고 했다. 하지만 15명이라는 대식구가 외식하고 영화를 보려면 적잖은 비용이 들 것이었다. 나는 이러한 후원사업이 가능할지 걱정이 되었다. 나는 청소년지도위원들과 함께 이 비용을 어떻게 조달해야 할지 의논했다. 마침 마트 등의 사업체를 운영하는 위원장님께서 선뜻 100만 원을 후원해 주시기로 하였다. 부족한 부분은 지역의 후원처를 발굴해서 메우기로 하였다. 이렇게 해서 아이들은 분기별로 외식도 하고 영화도 볼 수 있게 되었다. 또 식당을 운영하는 위원님은 한 달에 한 번씩 아이들에게 맛있는 점심이나 저녁을 제공해 주시기로 하였다. 여성 위원님 두 분이 한 조가 되어 한 달에 한 번씩 과일 등의 간식도 지원하기로 하였다.

나는 이 모든 것이 같은 마음과 뜻으로 모여 현실적 해결방법을

2천원 후원계좌를 모집하고 있는 이 대장님

찾으려고 노력했던 청소년지도위원님들의 힘이었다고 생각한다. 특히 일방적으로 후원을 결정하지 않고 원장님과 의논하고 결정하는 과정에서 더욱 돈독한 관계가 형성되었다는 점이 가장 빛나는 성과였다고 생각한다.

〈활동 수기 1〉

　새로운 만남을 소중한 인연으로

　작년 추운 겨울 2014년을 마감할 즈음 13년이라는 긴 시간을 보내며 제 얼굴을 보실 수는 없었지만, 마주잡은 손으로 서로의 체온을 느끼며 음성으로 사랑을 나누었던 선장할머니께서 제 곁을 떠나

셨습니다. "보경엄마야" 하시며 저희 가족을 참 많이 사랑해주셨던 1급 시각장애인으로, 참으로 불편하고도 힘겹게 긴 세월을 외로이 지내시다 그렇게 차별 없는 세상으로 떠나셨습니다.

그렇게 몇 달을 보내다가 신호대기 중에 도로변 현수막을 보게 되었죠. (어쩌면 보경엄마한테 주는 우리 할머니의 선물일지도 모른다는 생각이 요사이 들더군요) "이웃지킴이" 신청서를 동사무소에 제출하고 기다리는 시간이 꼭 대기업 면접을 치르고 합격여부를 기다리는 마음이랄까요. 긴장과 설렘. 이렇게 시작된 지금, 네 분의 어르신과 저의 인연은 참으로 귀한 인연이 아닐 수 없습니다. 세상 모든 인연이 귀하고 소중하겠지만, 제가 사랑이 많이 부족해 보였는지 사랑 많이 받으라고 선물처럼 네 분의 어르신과 저의 사랑은 시작되었습니다. 연세 많으신 어머님들을 뵐 때마다 시골에 홀로 계신 노모의 얼굴도 자주 떠올리게 되고, 그러다보니 더 마음이 쓰이고 조금 더 딸처럼 살갑게 다가가 살펴드리고 싶은 마음에 양손 무겁게는 아니더라도, 엄마를 보러가는 딸의 마음으로 찬거리 조금 준비해서 다니다보니 애정 넘치는 야단을 듣기도 합니다.

"아니 돈 벌어서 이렇게 다 쓰면 안 되지."

우리 어르신들의 마음을 너무도 잘 알기에 이 한마디 말씀에 저는 더욱 힘이 납니다.

"엄니 저 돈 잘 벌어요, 걱정하지 마셔요. 우리 엄니 더 맛난 거 사드려야 하는데 늘 죄송하네요."

언제나 변함없이 주고받는 말인데도 참 정겹고 우리 어르신들의 진심이 고스란히 전해져 더욱 마음 따뜻해지는 만남입니다.

시골에 홀로 계신 노모께서 하셨던 말씀이 가끔 생각납니다.

"야야 오늘은 복지과에서 나왔다갔다. 그란데 두유를 몇 개 사왔네. 참으로 고맙제. 올 때마다 뭐라도 사오는데 참말로 고맙데이."

형편이 어려운 것도 아닌데, 그렇게 방문해서 살펴주는 것만도 감사한데 꼭 뭐라도 챙겨서 친정엄마를 기쁘게 해 주시니, 꼭 큰 선물만이 사람을 감동시키는 것이 아니라 작지만 마음을 전하고 외로운 어른 잠시나마 말벗이 되어 드리는 것이 얼마나 큰 선물인지 저도 조금씩 배우고 있습니다.

만나는 분 저마다 한 가지 사연은 다 가슴에 품고 살고계신 듯합니다. 하지만 여든에 가까운 세월, 또 여든을 훌쩍 넘긴 기나긴 세월 속에 아픈 사연도, 상처도 이제는 다 잊어버리시고 그저 하루하루가 즐거움으로 채워졌음 하는 바람을 갖게 됩니다.

그래도 요즘은 노인정에서 여가를 즐길 수 있는 시스템이 잘 되어 있는 것 같더라구요. 우리 어린신들 댁에 안 계실 때면 꼭 노인정에서 뵐 수 있었습니다. 이렇게 노인정 프로그램에 맞춰 하루를 열어가는 어르신도 계시고 몸이 불편하여 집에서 시간을 주로 보내는 어르신도 계십니다. 그중에 한분, 다리에 힘이 부족해서 넘어질까 두려움에 외출을 꺼리시는 어르신. 유난히 저를 처음부터 반갑게 맞아 주셨던 어른신과는 수양딸이 되어드리기로 약속을 드렸습니다. 통화가 끝나고 나면 바로 기다리시기 때문에 오후 출발 30분 전쯤 전화를 드리고 가면, 베란다 문을 열고 자리를 잡고 앉아서 제가 현관문을 열고 "엄니"라고 외치면 그제야 베란다에서 저를 기다리시던 몸을 일으키며 "아이고 우리 수양딸 왔네 왔어."하시며 반겨주십니다. 불편함도 잊으신 채 베란다 창문 앞에서 바깥을 내다보시며 못난 저를 세상에서 제일 이쁜 줄 알고 애타게 기다려주시는 울 엄니입니다. 이렇게 퇴근길에 가끔 엄니와 어르신들을 뵙고 나면 하루의 피로, 하루의 힘겨웠던 시간들도 어느새 다 사라지고 "엄니, 수양딸" 하며 그렇게 서로를 보듬고 가만히 맞잡은 손으로 전해지는 엄니와 우리 어르신들의 과분한 사랑에 감사하며 하루를 마무리하곤 합니다.

이제 시작인데 앞으로 저에게 주어진 어르신들과의 시간이 얼마가 될지는 모르겠지만, 10년 아니면 20년 정도는 어르신들과 소통하며 이웃지킴이로서의 역할에 충실하고 싶습니다. 오래도록 딸처럼 편안한 그런 존재로 묵묵히 서로를 지키고 사랑 나누며 살고 싶은 게 저의 작은 바람이자 소망입니다.

두서없이 쓴 글 읽어주셔서 감사합니다. 이렇게 이웃지킴이라는 좋은 모임을 꾸려주신 동장님과 담당자님께도 감사의 말씀을 전하고 싶었습니다. 내 옆집에 누가 살고 있는지조차 모른 채 서로 무심히 지나칠 수 있는 현실이 늘 안타깝다 마음으로만 생각하며 저 또한 방관자로 그리 지내왔는데, 이렇게 소중한 만남을 갖게 해주시고 어딘가에 쓰일 수 있게 저희 지킴이 모두에게 기회를 주신 것 또한 얼마나 감사한지 모릅니다. 귀하게 쓰일 수 있도록 마음을 다 하겠습니다. 감사합니다.

우리이웃지킴이 이선희 씨

〈활동 수기 2〉

우리 동네에 반하다

"안녕 하세요 할머니"

"누구시더라?"

"네, 저는 온양3동 이웃지킴이 활동을 하는 유준모라고 합니다, 할머니."

나와 할머니의 첫 만남은 그렇게 풋풋한 초여름 어느 날 시작되었습니다. 어느 동네가 다 그렇듯이 이 동네에도 수많은 골목길이 옹기종기 늘어서 있습니다. 벌써 이 동네에 산 지도 어느덧 40여 년이 넘었으니, 나고 자라고 뛰어 놀던 그래서 구석구석 전부 다녀봤다고 생각 했었는데, 모르는 곳도 있었고 어린 시절 그대로인 곳도 있었습니다.

한올여고라는 큰 섬 같은 존재를 기점으로 주변으로 거미줄처럼 이어진 그 골목길에는 영화 같은 큰 감동도, 드라마처럼 잘 짜여진 스토리도, 코미디 프로처럼 웃음이 빵 터지는 그런 이야기들은 진즉에 존재하지 않는 곳일지도 모릅니다.

골목이라는 잔잔한 계곡을 마치 한가로운 뱃놀이를 하듯 슬슬 노를 저어 이 계곡 저 계곡을 유람하듯 지나다 보면 대자연처럼 늘 그곳에 있었던 소소한 풍경들과 풀벌레, 새소리처럼 고요하고 투명한 우리 이웃들의 삶의 이야기들이 가슴 짠한 풍경화처럼 펼쳐져 어쩌면 진부하고 뻔한 그런 이야기들이 녹아 흐르는 동네 이야기 입니다.

"이웃지짐이가 뭐여?"

"이웃지킴이요 할머니 지.킴.이!!"

"지킬 게 뭐있어? 아무것도 훔쳐갈 게 없는디."

할머니의 솔직 담백한 유머에 웃음이 나왔다.

"할머니 사시면서 불편한 점이나 도움이 필요한 것 있으시면 저한테 말씀해주세요. 앞으로."

"그런 거 음써. 다리가 좀 아픈 거 빼곤. 들어와 더워.."

"아뇨. 할머니 다른 데 또 가봐야 해서요. 집안 한번 둘러보고 다음에 또 올게요."

집안을 둘러보니 나름 깔끔하고 정갈한 주방과 앞마당, 수돗가 주변이 눈에 띄었다. 할머니의 성격을 짐작할 수 있었다. 그렇지만 남루한 세간과 담 귀퉁이 잡초들, 불편하신 다리 그리고 무엇보다 할머니의 말씀대로 지킬 것이 없어 보였다.

"할머니 저 갑니다. 다음에 또 올게요. 안녕히 계세요."

그렇게 밖으로 나와서 몇 가구를 더 방문을 하고 보니 홀로 계신 우리 어머니 집앞이었다.

"엄마~~~~"

"웬일이냐 이 시간에. 밥은?"

"배고파 밥 줘!"

어머니께서 차려주신 밥을 먹으며 집안을 둘러보았다. 작년에 인테리어 해드린 주방, 거실, 화장실 그리고 뭔가가 숨어 있을 듯한 엄마의 비밀창고 장롱 등등. 또 얼마 전 돌아가신 아버님 방, 영정 사진과 책들 아버님 유품들 엄마는 도둑놈을 조심하듯이 문단속을 확실히 하신다.

"엄마 옛날 차씨네 가게 있잖아."

"응? 차씨네 가게는 왜?"

"거기 보신탕집 지나 골목에 파란대문 혼자 사시는 할머니 알어?"

"파란대문? 그 동네 혼자 사는 노인네가 한둘이냐 어디. 니 애미도 혼자 사는데!"

"하하하 글쿠나."

"근데 왜?"

"아냐 그냥 아시나 하구요."

엄마의 말씀대로 그 동네엔 혼자 사시거나, 생활이 어려운 분들이 의외로 많다는 걸 알 수 있었다. 그 분들 나름대로는 수많은 이야기와 며칠을 먹먹한 눈시울로 보낼 사연들이, 배꼽 빠져라 웃을 수 있는 재미난 일들도 있겠지만, 내 눈에 보기엔 길가의 이름 없는 잡초처럼 평범한 이야기들이 사실은 가득하다.

지킬 게 많든 적든 동네, 골목길 여기저기에는 평범한 우리 이웃들이 평범하게 살아가고 있고, 그런 평범한 이웃 서로서로가 어깨 부딪히며 매일 매일을 알콩달콩 살아가는 것 같다. 나 역시 특별할 것 없이 그렇게 평범한 하루를 마치고 양념반 후라이드반에 캔맥주 서너 개를 사들고 집으로 향했다. 그리고 일주일 정도 지나 파란 대문 집에 가보기로 했다. 가는 길에 약국에 들러 박카스 한 박스도 샀다.

"할머니 잘 계셨어요?"

"누구슈?"

"지난번에 왔던 온양3동 이웃지킴이요, 할머니"

"지킬게 없대두 자꾸 뭘 지킨다는겨?"

"하하하~ 편찮으신데 없으시죠? 다리 아프시다면서 병원은 어디 다니세요?"

"보건소 다녀, 근디 왔다 갔다 더 힘들어."

"그러시구나. 참! 이거 드세요."

나는 들고 온 박카스 한 박스를 내밀었다.

"날도 더운디 그냥 오지, 뭐라 이런 거 사와.."

그날따라 할머니가 피곤하신 듯 보였다. 머리카락도 많이 헝클어지시고 가지런히 모여 있던 신발들도 어지럽게 흩어져 있었다. 할머니께서 아프다는 걸 짐작하고도 남았다.

"할머니 어디 아프세요?"

"아픈딘 수도 읍써. 그냥 쪼끔더 아픈 거지 오늘은"

"약은 드셨어요? 어디가 아프신데요?"

"감긴가벼, 골이 쏟아져서 만사 귀찮어."

"잠시만요."

나도 그날 감기몸살 기운이 있어 아까 들린 약국에서 산 감기약이 차에 있었다. 동네 어귀에 세워 놨던 차에서 약봉지를 움켜쥐고 다시 할머님 댁으로 돌아왔더니 할머니께서 마루에 앉아 계셨다. 흩어져 있던 신발들이 다시 가지런히 놓인 걸로 보아 그래도 찾아온 사람이라고 예의를 차리신 듯했다.

"할머니 이거 감기약이에요, 이거 드시면 좋아지실 거예요."

"약 많으디 뭘 사왔어 또?"

"하하하 드세요 있으셔도. 드시고 얼릉 건강해지시고요. 저 갔다 담에 또 올게요."

시간이 흐르고 그날도 이웃들을 찾아 나서는 날이었다. 많이 더웠다. 동네 보신탕집 앞에 고급차들이 경쟁하듯 시키먼 자태를 뽐내는걸 보니 오늘이 복날이구나 하는 생각이 들었다. 나 또한 오늘만은 닭볶음탕으로 점심을 해결했으므로 고급차의 주인들과 견주어도 손색이 없으니 자못 든든한 뱃속을 칭찬하며 첫 방문 집에 들어섰다.

"안녕하세요, 온양3동 이웃지킴이 유준모입니다!!!"

그렇게 몇 가구를 돌았다. 오늘따라 복날이라 그런지 박카스 한 병씩을 주시는 게 아닌가.

처음 한두 병은 마셨는데 나중엔 정중히 사양하는 호기도 부렸다. 한낮의 더위가 꺾였나 싶었는데 저녁끼니 때가 되어도 더위는 기승을 부리고 있었다. 이윽고 파란대문 할머님 댁에 도착했다.

"할머니 계세요!! 할머니..."

그날따라 인기척이 없었다.

"할머니 안 계세요? 이웃지킴인데요"

몇 번을 불러도 아무 대꾸가 없었다. 안 계신가 하고 돌아서 걸어가고 있는데 뒤에서 할머니가 부르시는 소리가 들려 돌아보니 검정봉지 하나를 들고 절룩절룩 나름대론 빠른 걸음으로 다가오시는 할머니가 보였다.

"할머니 마실 다녀오세요?"

"아녀 아까 저 집에 들어가는 것 보구 우리 집두 오겠구나 싶어서 이거 박카스 냉장고에 맡겨둔 할미 집에 찾으러 갔던겨. 시원하게 먹으라구."

"박카스를 맡겨요? 냉장고 없으세요?""있는디 안틀어, 전기세 아까워서"

"아이구 할머니 이건 뭐예요?"

"응 옥수수! 같이 먹으라구."

"할머니 드시지 뭘 이런 걸."

"오늘 복날여 복날 이거라두 맥일라구 그랬지."

"감사합니다. 할머니."

뒤에 안 사실이지만 그날 집집마다 내준 그 박카스는 지난번 내가 할머님께 드린 박카스였다는 걸 알았다. 작은 것 하나라도 함께 나누는 것 그 나눈 것을 기꺼이 또 나눌 수 있는 이웃 분들. 할머니 말씀대로 지킬게 없는, 가진 것 없는 우리 이웃들이지만 실은 가장 많이 가지신 분들이며 지켜드릴 소중한 분들인 것이다. 우리가 지켜야 할 것은 정(情)인 것 같다. 입으로 하는 이웃봉사, 생색내는 이웃봉사보다 소소한 정을 나누고, 지키고, 느끼고, 행동하는 것이 진정한 이웃지킴이 활동이란 생각을 갖게 되었다.

그 날도 역시 양념 반 후라이드 반 캔맥주 서너 개로 행복했던 복날을 기념하며 우리 동네 온양3동 골목계곡의 신나고 즐거운 레프팅을 마무리했다. 제가 내세울 이웃지킴이 활동 중 큰 사건, 사고는 없었다. 늘 고요하듯 대자연과 같이 포근한 우리 이웃들은 서로 양보하고 도와가며 하루하루를 보람 있게 살아가시는 걸 느낄 수 있었다.

늘 이웃들에 관심을 갖고 고민하시는 온양3동 전병관동장님과 3동 직원분들 그리고 이웃에 대한 정이 가득한 3동 주민들과 함께하는 우리 동네는 어쩌면 가장 살기 좋은, 가장 풍요로운 동네일 거란 생각을 했다. (아산 112민간순찰대 사무국장 유준모)

3. 행복나눔 우체통

복지사각지대란 사회적 급여와 서비스가 필요한데도 사회보장 혜택을 받지 못하는 상황, 사회권이 명문화되어 있어도 공공복지의 혜택에서 제외되어 있는 경우를 말한다. 사회보험 사각지대는 보험에 가입하지 않거나 보험료를 체불해서 적용 대상에서 누락되는 경우를 말한다. 기초생활보장제도와 같은 공공부조에서의 사각지대는 엄격한 소득이나 자산 그리고 부양의무자 기준을 적용하여 수급대상에서 제외되는 경우이다. 따라서 복지사각지대에 대한 개념은 사회보험, 공공부조, 사회서비스 등 제도 전 영역을 아울러 명백한 사회복지 욕구가 존재함에도 법적 제도적인 조건 때문에 복지서비스를 받지 못해 생활의 어려움을 겪고 있는 대상을 말한다.[26]

우리나라에서는 1990년대 말 IMF 경제위기로 인해 실직자나 빈곤층이 급증하자 복지사각지대에 대한 관심이 급증했다. 당시에는 사회보장제도가 미비하여 생활의 곤란을 겪는 대상자가 증가하자 이를 줄이기 위한 정책개선 작업이 시급한 문제로 떠올랐다. 물론 지금도 이 문제를 해소하기 위해 노력하고 있지만 소득의 양극화, 노동시장의 유연화로 복지사각지대의 소외계층이 지속적으로 발생하고 있는 실정이다. 특히 우리 사회의 복지사각지대가 문제가 되는 것은 무엇보다도 복지급여와 서비스가 절실히 필요한 취약계층이 정치적으로나 사회적으로 소외되어 빈곤의 늪에 빠져들고 있기 때문이다.

'행복나눔 우체통' 사업은 복지사각지대 문제를 동네에서 풀어보기 위한 노력의 일환이었다. 온양3동 주민센터 현관 앞에 설치된 '행복나눔 우체통'은 주민의 고충을 직접 듣겠다는 의지가 반영되어 있다. 주민들이 질병이나 사고로 갑자기 어려움에 처하거나, 다른 사람들에게는 말하기 어려운 복지소외계층이 있을 때 본인 혹은 이웃이 간단한 인적사항과 자신의 사정을 메모해서 우체통에 넣으면 담당직원이 방문하여 빠르고 적절한 서비스를 제공하려고 추진한 사업이다.

주위에 어려운 이웃이 있어도 동 주민센터 복지팀에 연락해서 도움을 청하기는 쉽지 않다. 그럴 때 복지담당 직원에게 전화하거나 방문하지 않고도 도움이 필요한 이웃을 손쉽게 알려줄 수 있는 방법은 무엇일까를 고민하다가 나온 방법이 '행복나눔 우체통'이었던 것이다.

약 4개월간 행복나눔 우체통을 운영한 결과 기초생활수급신청 25건과 긴급복지지원 9건이 새로 발굴되었다. 이 사업이 복지사각지대 해소에 나름 성과가 있다고 판단하여 저소득층 200여 세대가 밀집해 있는 모종주공아파트에도 추가로 설치했다. 그러자 신규 수급신청뿐 아니라 경로당 운영, 아파트 단지의 관리개선, 자녀의 학업에 대한 어려움 등 메모의 내용이 다양해지기 시작했다. 애초의 목적에서 나아가 다양한 주민 불편사항을 해소하는 데에도 크게 기여했던 것이다. 메모에 적힌 대상자 중에는 수급 조건에는 맞지 않는 경우도 있었다. 그런데 반드시 도움이 필요한 분들이었다. 이런 경우에는 행복드림을 통해 후원자를 연결하고 2천 원 후원구좌를 통해 모금된 금액으로 필요한 생필품을 지원할 수 있었다. 이러한 조그만 노력들이 동네 단위로 확산되는 데 큰 역할을 한 '행복나눔 우체통' 사업은 동네공동체에서 복지사각지대를 줄이는 하나의 대안으로 자리매김할 수 있게 되었다.

주민센터 현관 앞에 설치된 행복나눔 우체통

4. 동네 행복드림

우리 사회에는 다양한 형태의 나눔 DNA가 존재해 왔다. 우리 사회에는 예로부터 상부상조 전통을 잇는 다양한 형태의 나눔 DNA가 존재해 왔다. 지금은 나눔에 대한 국민적 관심이 매우 높아졌다. 1960년대 이후 산업화 과정에서 전통적인 공동체의식이 희박해져 갔는데, 1998년 외환위기를 계기로 금 모으기 운동이나 2009년 故 김수환 추기경의 장기기증 등을 통하여 나눔문화의 중요성과 의미가 되살아나고 있다. 이제 나눔은 물질만이 아니라 문화, 재능, 교육 나눔 등으로 그 유형이 다양해졌다. 2006년에 8조1400억 원이던 기부총액이 2013년에는 12조4900억원으로 7년 새 1.5배나 증가했다.[27]

생명나눔도 매년 기하급수적으로 증가하여 2010년 장기기증을 서약한 이들이 약 12만 명에 달하고 있으며, 헌혈 참여자도 266만 명에 이르고 있다. 특히, 인적 기부인 자원봉사자는 2009년 현재 860만 명으로 전체 국민의 19.3%가 참여하고 있다. 우리나라의 나눔이 양적으로는 물론이고 질적으로도 성장을 거듭하고 있는 것이다.[28]

그러나 기부와 나눔이 증가하고 있는데도 불구하고 이것이 하나의 생활문화로 자리 잡기 위해서는 아직도 많은 해결 과제가 남아 있다. 2010년 나사렛대학교 사회복지연구소에서 실시한 아산·천

안 시민의 기부현황 및 기부의식 조사에 의하면 정기적으로 기부를 하는 사람이 31%, 비정기적으로 기부를 하는 사람이 56%로 나타났다. 향후 1년 이내 기부 의향을 묻는 질문에 대해서는 의향이 있다는 응답이 63%, 없다는 응답이 18%로 나타나 대부분의 시민이 기부에 뜻이 있음을 알 수 있다. 이렇듯 개인기부가 꾸준히 증가하고는 있으나 여전히 단체나 기업의 기부가 대부분을 차지하고 있는 실정이다.[29]

아산행복드림은 새로운 나눔문화를 확산시키는 정책이다

아산시에서는 누구나 일생생활 속에서 쉽게 나눔을 실천할 수 있는 문화를 확산시키기 위하여 2011년 7월부터 아산행복드림사업을 추진하고 있다. 아산행복드림사업은 5개 사회복지관 및 노인·장애인 복지관 등 7개 복지관에 권역별 아산행복드림센터를 설치하여 도움을 필요로 하는 시민과 음식업, 병·의원, 학원 등의 지역복지자원을 연계하여 다양한 복지서비스를 제공하고 있는 사업이다. 같은 해 7월 18일 아산행복드림 발대식 및 센터 현판식을 시작으로 현대자동차 아산공장의 정기후원 및 한의사협회 아산시지회 등 광역 기부업체 14개소가 참여하여 성공적인 출발을 하였다.

아산행복드림사업은 모든 시민이 일상생활 속에서 쉽게 나눔에 참여할 수 있도록 하기 위하여 음식업 등과의 서비스연계, 교육·문화복지 특성화사업, 나눔거리 조성 등의 핵심과제를 설정하여 추진하고 있다. 2011년 발대식 이후 현재까지 311개소의 기부업체가 참여하고 있으며, 서비스 이용자가 2,135명, 서비스 환산액이 339,235천원, 서비스연계가 35,504건의 성과를 나타내고 있다.

교육·문화복지 특성화사업은 민간주도의 나눔문화 확산을 위하여 기관과 단체가 후원하는 검정고시교실, 만화·에니메이션 창작교실인 붕붕아트 여행, 사회복지종사자를 위한 문화공연을 정기적으로 추진하고 있다. 또한 농촌지역의 취약계층인 어르신을 위하여 10개 지역농협과 아산행복드림 참여 협약식을 체결하여 농협의 여성복지와 연계된 다양한 복지서비스 네트워크를 구축하여 운영하고 있으며, 삼성 LCD단지의 후원으로 칠팔구순 효잔치도 가정의 달 5월에 매년 개최하고 있다. 특히, 상가번영회가 중심이 되어 기부업체로 참여한 용화동 지역을 아산행복드림 나눔의 거리로 조성하여 모든 상가가 나눔에 동참할 수 있도록 캠페인을 전개하고 있다.

이처럼 지속가능한 나눔 문화를 정착시켜 나가기 위하여 아산행복드림 홈페이지 및 인트라넷을 구축하고, 나눔 내역을 실시간으로 공개하여 투명성을 제고하고 있다. 뿐만 아니라 매년 12월에는 아산행복드림 사업보고회 및 작은 음악회를 개최하여 나눔에 동참한 분들에 대한 감사의 마음도 전하고 있다.

사람 내음 나는 따뜻함으로 보이지 않는 가치를 실현하다

온양3동에서도 아산행복드림을 통하여 이웃 사랑을 실천해 보고

자 하였다. 사람 내음 나는 따뜻함으로 보이지 않는 가치를 실현하기 위해서이다. 가치라는 것은 아산행복드림을 이용하는 사람들에 의해 만들어질 수 있다. 그래서 너무 차갑거나 너무 뜨거워서 한 순간에 폭발적으로 진행되는 나눔 활동이 아닌 적당한 온도를 유지하며 사람 내음 나는 지속 가능한 나눔 활동이 온양3동에서부터 이루어지길 바랐다.

물론 내가 아산행복드림에 대한 아이디어를 내어 민관협력으로 정착시킨 사업이라 그런지 몰라도 이 사업이 이웃의 정을 느끼게 하는 사업임에는 틀림없는 것 같다. 동네 단위에서 소규모 점포로 운영되고 있는 자장면 집이나 추어탕 집, 김치찌개 집, 소형 마트, 이발소, 김밥 집 등이 자연스럽게 하나 둘 참여하면서 돈이 있어야 나눔에 참여하는 것도 아니고, 가진 게 많아야 나눔에 참여하는 것도 아니라는 사실을 분명하게 보여주고 있다.

내가 동장으로 부임할 때만 해도 아산행복드림에 참여하는 업체는 17개에 불과하였지만 지금은 50개가 넘는 업체가 참여하고 있다. 이용 대상자도 500명에 가까우며, 후원금액도 600만원을 넘어섰다. 이 같은 나눔 문화의 확산은 자장면 한 그릇의 나눔을 통하여 사람 내음 나는 따뜻함과 돈으로 환산할 수 없는 보이지 않는 가치를 모두가 느끼고 있기 때문일 것이다. 동네에서 서로 고민하고 협력하는 인간관계 속에서 눈에는 보이지 않지만 마음에 와 닿는 따뜻함을 느낄 수 있는 나눔 사업이 아산행복드림이 아닌가 싶다.

쉬고 기대고 서로를 돌아보는 곳,
　　인간의 행복할 권리를 실현하는 동네이야기...

5장

살맛나는
동네복지 이야기

05

살맛나는 동네복지 이야기

———

　수만 년간 인류의 생존 모델이었던 소규모 동네 구조가 거대한 국가체제로 전환된 지 불과 한 세기도 지나지 않아 다시 동네로 귀환하고 있다. 국가에서 동네로의 귀환이 시작된 것이다. 자유로운 개인들의 수평적 싱크네트워크가 중요해지자 요즘은 사회적 연대와 자급을 강조하게 되었고, 이것은 자율적인 동네공동체를 주목하게 만들고 있다.

　동네공동체는 동네 주민의 참여와 자치를 이끌어내고 동네의 공동체성과 자연력을 복구해가는 관계의 완성이다. 공동체를 복원한다는 것은 동네 중심으로 관계를 복원한다는 것이고 동네 스스로의 문제해결 능력을 강하게 하는 것이다. 특히 물질적 지원 못지않게 공동체적인 인간관계를 회복하여 삶의 질을 향상시키려는 노력이다. 현재의 동네공동체는 가까운 곳에 모여 살면서 이웃집 숟가락 개수까지 훤히 알던 밀착 공동체가 아니다. 사생활을 존중하면서 서로의 관심사를 나누고 필요한 것들을 나누는 좀 더 느슨한 공동체라고 할 수 있다.[30]

이번 장에서는 지속가능한 동네공동체의 경험과 변화 사례를 조명해 보고자 한다. 공동육아를 통해 아이들을 키우고, 어려운 일을 서로 돕고, 동네기업을 통해 일자리도 나누는 다양한 경험을 공유해보고자 한다. 사회적 관계망으로 대안학교를 만들고 아이와 어른이 함께 할 수 있는 다양한 커뮤니티 활동을 하는 생활복지공동체, 농촌에 정착하기 어려운 이주여성들에게 일자리와 함께 지역사회에서 삶의 주체로 당당하게 살아갈 수 있는 기회를 제공하는 다문화복지공동체, 콘크리트 숲인 아파트에서 함께 텃밭을 가꾸고 먹을거리를 나누는 아파트복지공동체, 전체를 허물어 다시 짓는 재개발이 아니라 오래된 주거지역을 고치고 단장해서 다시 쓰는 대안개발복지공동체 등을 소개하고자 한다.

1. 생활복지 홍성 "풀무동네"[31]

'더불어 사는 평민'을 교훈으로 하는 풀무학교. 이 학교의 정식 명칭은 풀무농업고등기술학교다. 1958년 4월에 개교한 이래 어느새 반세기의 역사를 지닌 지역 속의 작은 학교로 자리를 잡았다. 풀무학교는 이웃, 자연과 더불어 살아가는 교육, 엘리트가 아니라 누구나 타고난 자기개발을 실현하는 평민을 기르는 교육을 목표로 하고 있다. 지금은 전국적으로 유명해졌지만 풀무학교가 처음부터 그랬던 것은 아니다.

충남 홍성군 홍동면에 있는 문당리는 문산동네와 동곡동네로 이루어져 있다. 대략 70여 농가가 거주하고 있는 전통적인 오지동네이다. 1960년대 말부터 농업이 기계화, 산업화되고, 90년대 초 WTO 농작물 개방 압력이 거세지자 친환경 농법인 오리농법으로 위기를 기회로 만들었다. 동네 주민들의 협력이 없으면 오리농법은 성공하기 힘들다. 하지만 동네 주민들을 설득하는 과정이 순탄치는 않았다. 새로운 농법에 대한 확신을 주기 위해서는 무엇보다도 각자의 헌신적인 노력과 신뢰가 필요했다.

1993년에 도입한 오리농법은 지금 문당리 동네 일원 대부분의 농법이 되었다. 2004년에는 이 지역이 농촌종합개발사업 대상 지구로 선정되어 2006년까지 정부에서 70억 원을 지원받아 전국 최대 규모의 친환경 오리농법 쌀단지를 조성했고, 인근 지역 전체가 친환경농업지역으로 지정되었다. 문당리의 오리농쌀은 96년 이후 홍동농협과 단지계약 방식의 판매가 이루어졌고, 2001년도에는 홍동농협과 전량수매 협정을 체결했다. 또한 벼 수매 때 가마당 소정의 동네환경기금도 모아서 도시와 소비자의 미래 세대를 위하여 사용되고 있다.

2000년에 적립금으로 만든 환경농업교육관을 비롯해서 농촌생활유물관, 동네정보센터 등이 포함된 '나눔의 집'은 생산자, 소비자, 어린이, 공무원들에게 환경과 환경보전 농업의 중요성을 교육한다. 숙소는 각종 단체의 연수나 견학 때 사용하며 회의장소로도 활용된다. 환경농업교육관을 찾은 방문객과 교육생들은 오리 넣기, 오리의 활동 관찰, 흙 밟기, 쑥 캐기, 고추모종 심기, 숲 관찰, 강연 듣기, 전래놀이 체험 등 다양한 체험 프로그램에 참여할 수 있다. 또한 동네 주민이 주로 농한기에 이용하는 '찜질방'은 당번제로 운영하는데 전통적인 사랑방 기능을 하며 공동체 함양에 기여하고 있다.

동네에서는 지속가능한 순환경제를 위하여 공동생산 기반시설, 인력양성에 지속적인 재투자를 하고 있다. 동네의 중요한 생산자 조직인 홍성풀무생협은 1960년 풀무학교의 무인 구판장으로 시작한 것이다. 그러다가 자립 여건이 갖춰지자 1980년 지역 주민들의 자치기관인 조합을 창립하였고 조합원은 900여 명에 이르고 있다. 조합은 생산품목별로 쌀생산위원회, 채소위원회, 유기축산위원회, 교육홍보위원회를 두고 있다. 그리고 기초생산조직인 작목반은 동네별 쌀 작목반 30개, 채소 작목반 25개, 축산한우, 양돈, 자연 닭 6개 등 총 61개가 꾸려져 있다. 유기농산물 취급 품목은 120여 종에 달한다. 출자금 2억 3천만 원, 총자산 12억 원, 2004년도 현재 유기농산물 직거래 매출액은 51억 원이다.

풀무생협은 다른 생협과는 달리 생산자 중심의 생협이다. 2006년 12월 기준 1,008명의 조합원 중 생산자 회원은 869명으로 전체의 86.2%를 차지한다. 소속 생산자들은 생산물의 출하뿐만 아니라 소비자와의 신뢰유지, 지역사회를 위한 다양한 사업을 같이 한다. 생산자 회원 비율은 정부의 친환경농업정책에 따라 해마다 증가하고 있다.

생산물의 유통방식을 개선하고 다각화하기 위해 동네회관에서는 인쇄간행물과 인터넷을 통해 동네의 특화 생산물 정보를 방문객이나 주민에게 충분히 제공하고 있다. 소비자와 생산자를 연결시켜 소규모 직거래가 가능하게 할 뿐만 아니라, 오리농쌀의 생산과 판매, 유통 그리고 오리를 활용한 쌀 생산과정 자체를 상품화하여 유통하는 방식을 취하고 있다.

문당리 환경동네의 사회적 관계망은 풀무농업고등학교를 졸업한 동네 리더들에 의해 발전되어 왔다. 풀무학교의 이념에 따라 유기농업을 실천하고 있는 오리농 생산자들 가운데 몇몇은 풀무학교 졸업생들이다. 졸업생들은 농업 외에도 지역 자치조직에서 기독교 신앙과 생태적 가치를 지향하고 있다. 눈에 띄는 슬로건은 지역이 학교이고 학교가 지역이라는 것이다. 그래서 풀무학교 안에서 자생적으로 활동하던 단체가 동네 공동체 조직으로 독립하거나 졸업생들이 지역공동체를 뒷받침하는 자치조직을 만들어내기도 한다. 이를 테면 생산유통조직, 가공산업, 교육문화 활동, 환경, 언론, 풀무신협 등이 그런 활동이다. 이들은 자생적 지역조직을 통해 사회적 관계망을 형성하고 교육, 문화, 복지 등 다양한 분야에서 삶의 질을 높이는 데 일조하고 있다.

문당리는 보통의 농촌동네와 마찬가지의 조직을 갖고 있다. 외부 행정기관과 연관성이 깊은 동네회의, 동네개발위원회, 새마을지도자회, 새마을부녀회가 있고, 전통적인 공동체 조직인 상여계, 대동계도 있다. 그 가운데 동네에 가장 강력한 영향력을 미치는 조직은 환경농업조직인 영농조합법인이다.

녹색문당동네회는 영농조합법인으로 정부의 환경농업정책 증진과 주민의 자발적인 환경농업 추진 의지를 북돋워주기 위해 조합원 교육, 도농교류, 체험 프로그램을 실시한다. 이 조합은 약 20억 원의 동네 자산을 관리하고 있다. 동네 소유의 토지 1만 평을 비롯하여 그 동안 국가보조로 지은 정미소, 교육관, 찜질방 등을 전부 조합명의로 관리하고 있다. 영농조합법인은 농업뿐 아니라 동네의 사회적 통합과 계획에 이르기까지 주요한 역할을 수행하고 있다. 이처럼 풀무생협과 같은 홍동동네의 다양한 사회적 관계망이 홍동지역의 든든한 버팀목 기능을 하고 있다.

풀무학교는 1975년 처음으로 유기농업을 시작해 지역에 전파해 왔다. 그 결과 홍성군 홍동면은 우리나라 유기농 운동의 중심이 되었다. 이제 충남의 작은 동네 홍동은 일본, 중국, 필리핀, 베트남 등

동아시아 인접 국가뿐 아니라 유럽과 미국에서도 모범적인 생활 공동체로 이름이 나 있다.

2001년도에는 풀무학교에 2년제 대학과정인 '풀무학교 전공부'에 생태농업과가 개설되었다. 풀무학교는 왜 전공부를 만들었을까? 교육의 모든 과정이 동네단위에서 이루어져야 한다고 믿었기 때문이다. 모든 주민이 교사이고 학생인 학교, 지역의 삶과 연결된 학교, 지역의 입지 조건을 살리고 인간과 지역이 함께 하는 더불어 사는 학교를 만들고자 했던 것이다.

풀무학교 전공부는 2001년 처음 입학생을 맞은 이래 지금까지 지역, 지역민과 함께 하는 풀뿌리 농업대학의 이상을 실현해 가고 있다. 풀무학교 고등부는 학력 인정이 되지 않다가 지난 1983년에야 비로소 인정 고등학교가 되었다. 전공부도 아직은 학력 인정이 되지 않지만 매년 십여 명의 학생이 찾아온다. 학교의 재정은 자립적으로 마련한다. 전공부 선생과 학생들의 농사 수입과 자발적인 후원회비로 충당한다. 전공부의 1년 예산인 1억 원으로 농사 실습에 필요한 각종 자재와 종자를 구입하고, 이론 수업을 위한 자료나 기자재를 구입하며, 교직원 11명의 임금을 지급한다. 그 외에도 도서 구입비, 기타 운영비를 충당한다. 대학을 표방하는 학교에서 이 돈으로 그 모든 것을 감당하는지 놀라지 않을 수 없다. 매해 이 전공부를 견학하기 위해 방문하는 수많은 사람들이 이 학교의 질 높은 교육을 높게 평가하고 있다.

전공부 학생은 모두 기숙사에서 생활한다. 오전에는 강의실에서 정해진 교과 학습을 하고, 오후에는 직접 논밭에서 농사일을 배운다. 농사일이 한창인 농번기에는 3주 내지 4주를 농사에만 매진한다. 여름방학은 두 차례의 논 김매기가 끝나는 7월 말부터 2주 정도의 휴가로 대체하고, 겨울에는 일반 대학처럼 12월에 방학을 한다. 지역과 더불어 농민을 기르는 것을 목표로 하기 때문에 전공부의 모든 일정은 그 해 농사 일정에 따라 결정되는 것이다.

풀무학교 전공부의 실습은 단순한 농사기술이 아니라 자연의 질서에 순응하고, 조화를 이루며, 땅과 이웃과 더불어 사는 삶의 기술을 배우는 것이다. 다시 말하면 공생공락하는 삶의 방식을 배우는 것이다.

이처럼 풀무동네의 사회적 공동체성은 학교가 기반이 되어 지역 주민들의 자조와 자립을 지원하고 복지의 골간을 마련했다. '신협'과 동네 주민들의 자금으로 설립한 '갓골어린이집', '시골문화사'와 같은 사회적 조직들이 그것이다. 동네 주민들이 자발적으로 참여하는 사회적 연결망을 갖추었기에 성공할 수 있었다. 또한 영농법인과 유기농 오리농법 시행, 농업교육관 운영 등은 협동의 경제구조를 갖추는 데 크게 기여하였다. 이 경제구조를 통해 동네는 스스로 백년의 계획을 수립할 수 있는 주민역량을 갖추게 되었다. 이러한 요인들이 지금의 홍동동네를 공동체성이 강한 복지동네로 일구어 낸 것이다.

풀무동네라는 공동체가 만들어질 수 있었던 기반은 교육적 가치인 학교가 나서서 사회적 자본을 형성하고, 주민참여와 민관의 협력을 가능하게 했기 때문이다. 풀무동네가 동네 간 네트워크를 활성화해 공동체 문화를 확산하고 공동체 내외부의 계층을 통합하는 소득 재분배 내용을 보다 발전시킨다면 지역의 공동체운동을 넘어 동네복지의 모범적인 대안이 될 수 있을 것이다.

홍성 갓골의 여러 시설들

2. 다문화복지 제천 "누리동네 빵카페"[32]

충북 제천군 덕산면의 농촌공동체연구소는 도시의 구조악을 자발적으로 거부하고 주체적으로 동네공동체의 부활과 지역경제 활성화를 위해 헌신하고자 하는 사람들이 모여 있다. 농촌 면 단위에서 공동체적 관계망의 현대적 복원을 통해 자립순환형 동네를 만들고자 한다. 이들은 그것이 "나를 살리고 세상을 살리는 대안"이라고 믿는다.

연구소는 농촌공동체, 대안교육, 다문화가족 등에 에너지를 집중하고 있다. 인근에 자리 잡은 대안학교 간디학교의 간디교육연구소가 모태가 되었다. 방과 후 공부방, 다문화가족을 위한 평생학습센터인 누리어울림센터도 뜻을 함께하고 있다.

연구소에는 협동조합 방식의 동네 목공소, 농촌동네 밴드가 있고, 회원들을 위해 펜션을 공동으로 운영하고, 농촌에 정착하려는 청년들에게 인턴사업을 실시한다. 독서모임, 배드민턴모임, 농촌형 사회적 기업, 농업적 가치를 기반으로 한 캠프, 학교 밖 청년의 삶을 위한 대안교육사업, 전통 5일장 활성화사업, 유기농약초 회원 직거래 등을 모두 이 연구소에서 진행하고 있다. 연구소는 농촌 동네의 공동체 회복과 사회적 경제의 실현을 위한 사업, 동네 사람들의 복지를 위한 모든 사업을 하고 싶어 한다.

산골 동네인 덕산면 도전리에 들어서면 서울 삼청동이나 대학로에서나 자리 잡고 있을 범한 세련된 카페와 마주하게 된다. 바로 누리동네 빵카페가 그것이다. 농촌 지역 최초의 다문화 커페이자 동네공동체의 커뮤니티 비즈니스센터 역할을 하는 곳이다.

카페는 300여 명의 후원자들이 떠받치고 있는 농촌공동체연구소가 직접 운영한다. 25평 남짓한 카페는 후원자들과 지역주민들이 힘을 모아 탄생시킨 것이다. 부지는 지역 주민이 무상으로 빌려 줬고, 건축설계와 인테리어도 후원자가 지원했다. 카페에는 대표, 매니저를 포함해 네 명이 근무한다. 간디학교 학생들이 자원봉사를 하며 힘을 보태기도 한다.

누리동네 빵카페는 이주여성에게는 일자리를, 지역 주민들에게는 소득을 지원하는 착한 카페이니만큼 당연히 모든 재료는 지산지소 유기농 재료를 사용한다. 커피는 공정무역으로 들여온다. 지역 농가에서 구매한 열매로 오미자효소나 매실효소를 만들어 카페로서의 구색을 갖추고 있다. 지역의 농산물을 외지인들에게 파는 농산물직판장 구실도 하는가 하면 지역 주민들의 문화공간이 되어 준다. 이처럼 누리동네 빵카페는 단순히 빵을 파는 가게가 아니라 덕산면 지역주민들에게 꿈과 힘을 나눠주는 지역활력센터로서의 역할을 톡톡히 수행해 나가고 있다.

빵카페에는 귀농인들 외에 이주여성들이 눈에 띈다. 주로 동남아 출신의 결혼이주여성들이다. 빵카페 매니저도 태국 출신인 결혼이주여성이다. 산골 동네의 이주여성들은 대개 한국말도 서투르고 생김새도 달라 일자리는커녕 마실을 다니기조차 쉽지 않다. 하지만 누리동네 빵카페는 동네 사람들과 함께 일하면서 돈을 벌고, 이주 생활에 대한 자신감을 얻어 지역의 일원으로서 적응할 수 있게 해준다.

농촌경제연구소는 이주여성들을 문화의 한 주체로 인식하여 누리동네센터를 설립했다. 이 센터 옆에 빵카페를 연 것이다. 카페에서는 지역 농산물로 만든 빵 말고도 월악산 자락에서 나는 오디, 개복숭아, 오미자, 매실을 채취해 담근 효소음료도 곁들여 팔고 있다. 빵카페는 우리나라에 정착하기 어려운 이주여성들에게 경제활동의 기회를 제공해 삶의 주체로 내세우고, 지역의 유기농산물을 이용해 농촌 경제를 살리고자 한 것이다.

누리동네 빵카페는 대안학교의 대안교육이 기반이 되어 농촌 공동체를 회복하고 동네 사람들의 자립 기반을 마련하였다고 볼 수 있다. 특히 이주여성들을 일자리 마련, 지역사회의 주체로 세워냈다는 점은 동네복지의 새로운 대안을 만들어냈다는 점에서 큰 의의가 있다.

지역활력센터 역할을 하는 누리동네 빵카페 내외부

3. 종합복지 마포구 "성미산 동네"[33]

서울 마포구의 성미산 동네는 성미산 자락의 성산동, 서교동, 망원동, 합정동에 사는 사람들이 함께 살아가는 동네이다. 이곳에선 이웃사촌이라는 말의 진정한 의미를 실감할 수 있다. 대부분의 동네에서는 옆집에 누가 사는지 모르고, 인사도 없이 지내는 게 일상화되었다. 그런데 서울 한복판에 있는 성미산 동네 사람들은 다르다. 함께 밥을 먹고 놀고 도와준다. 혼자서는 힘든 일은 힘을 모아 해결한다. 성미산 동네에는 협동의 정신이 살아 있다. 동네 공동체에서 가장 중요한 것이 관계인데, 성미산 공동체는 이 관계를 무엇보다 중요시했다.

1994년 아이들이 함께 신나게 놀고 건강하게 잘 자랄 수 있게 하려는 부모들이 모여서 협동조합 형태의 어린이집을 이곳에 만들었다. 공동육아 협동조합 형태의 어린이집은 이내 4개나 만들어졌고, 아이들이 크면서 취학 연령이 되자 대안학교인 성미산 학교도 설립했다. 방과 후에 공부도 하고 놀 수도 있는 도토리방과후, 토끼똥 방과후 교실이 있으며, 마을책방 구실을 하는 개똥이네 책놀이터도 생겨나서 동네의 지적 놀이터가 되었다.

이들은 좋은 먹거리에도 관심을 갖고 마포두레생활협동조합을 열었다. 믿고 먹을 수 있는 반찬이 필요해 좋은 유기농 재료로 만들어 파는 반찬가게가 생겼고, 성미산밥상이라는 건강식당도 생겼다.

어른들은 이곳에서 음료수를 마시며 수다를 떨고, 아이들은 안전하고 맛있는 아이스크림을 먹는다.

주민들은 공동주택도 함께 만들었다. '소행주'라는 이곳은 사는 사람이 자신에 맞게 설계를 할 수 있어서 아파트처럼 똑같이 생기지 않았다. 취미가 같은 사람들이 연극, 문학, 음악 모임을 만들어 공연을 올리거나, 영화 감상이나 파티를 할 수 있는 공간인 성미산 동네극장을 세웠다. 어른과 아이가 함께 노래를 부르는 동네합창단도 이곳에서 공연을 올린다. 2001년부터 매년 5월에 여는 축제는 아이, 어른 할 것 없이 모두가 함께 준비하고 신나게 노는 마당이 된다.

성미산 동네는 오랜 시간에 걸쳐 쌓아온 공동체적 신뢰가 만들어낸 동네이다. 주민들이 출자해 만든 협동조합 형태의 성미산 밥상이나 대안학교, 어린이집, 되살림 가게, 공방, 서점, 공동주택 등 모든 것이 주민들의 필요와 욕구를 기반으로 한 것이다. 그래서 이 동네에는 '모두 함께'라는 것이 모두의 마음속에 자리 잡고 있다. 한 아이를 키우기 위해 동네를 만들고 또 다른 가족이 필요해 공동주택까지 짓는 성미산 동네는, 함께 꿈을 꾸면 그것이 현실이 된다는 것을 현실로 보여주고 있다.

성미산 마을 풍경

4. 아파트복지 노원구 "청구3차아파트"[34]

서울 노원구 중계1동과 중계본동의 경제 은행사거리 근처에 청구3차아파트가 있다. 은행사거리는 국민은행, 우리은행, 신한은행, 기업은행, 하나은행 등이 많아서 붙여진 이름인데, 강북의 대치동이라고도 불릴 만큼 학원이 밀집해 있다. 그래서 아이들 교육 문제로 이사 오는 사람들이 많다. 이 근처의 초등학교, 중학교, 고등학교는 학급수도 많고 한 학급당 아이들 수도 다른 지역에 비해 많은 편이다. 밤 10시쯤이 되면 은행사거리 일대가 집에 돌아가는 아이들을 태우려고 대기하고 있는 학원버스들로 막힐 정도이다. 그래서 백화점이 있는 노원역 주변이나 교통이 편리한 상계역, 중계역 주변보다 이곳 은행사거리 주변이 가장 집값이 비싸다.

그런데 이런 곳에서 어떻게 아파트 공동체가 가능했을까? 1996년에 지어진 청구3차아파트는 32평형 9개동 780세대가 입주해 있다. 입주자의 75%가 초·중·고등학생 자녀를 가진 세대이며, 70% 이상이 자가 소유자다. 이 수치로 볼 때 이 아파트는 비교적 주인의식과 정주율이 높고, 입주민들의 자녀교육에 대한 관심이 다른 곳에 비해 월등히 높다는 것을 짐작할 수 있다. 그래서 처음으로 시작한 일이 아파트 관리사무소에 독서실을 만드는 것이었다. 동네에 사설독서실이 많이 있지만 여전히 부족했고, 밤거리 안전에 대한 걱정도 독서실을 만드는 배경이 되었다. 먼저, 입주자대표회의에서 안건을 제안하고 입주자들 중 현직 중고등학교 교사, 부녀회원, 입주민 학부모 등으로 추진위원회를 구성하였다. 그리고 이 추진위원들이 주민들에 대한 사전 설문조사를 하고, 반상회를 통해 보다 많은 주민들의 동의를 이끌어냈다. 전체 주민의 82%가 동의하고, 390세대가 참여했다.

관리실 3층에 자리 잡은 독서실은 약 50평의 공간에 총 7개 호실, 83석 규모이며 인테리어가 아주 깔끔하다. 입주민 중에 인테리어 사업자가 있어서 비용 절감도 할 수 있었다. 독서실 사업으로 탄력을 받자 작고 행복한 도서관 만들기 사업도 추진되었다. 부녀회 창고로 쓰이던 2층 작은 방을 개조하여 도서관으로 꾸민 것이다. 주민들로부터 책을 기증받고 관리기금도 활용하여 초중고생 필독서 중심으로 구비한 책이 모두 5000여 권이다. 지금은 독서실, 도서관 회원 중심으로 참고서 물려주기, 학습도우미운동도 전개되고 있다.

또한 입주자대표회의실을 적극적인 커뮤니티 공간으로 활용했다. 영화상영, 주부 교양강좌, 바둑교실, 커피바리스타 강좌, 요가교실 등 주민들이 원하는 다양한 프로그램을 진행하는 공간으로 탈바꿈했다. 특히 주목할 만한 것은 입주자대표회의와 부녀회가 주축이 되어 청구이엠환경이라는 동네기업을 만들었다는 점이다. 처음에는 아파트 내에서 나오는 음식물 쓰레기에 EM발효액을 넣어 악취를 제거하는 단순한 발상이었다. 그런데 음식물 쓰레기에 EM발효액을 섞어 놔두면 일정시간 이후엔 화초와 작물에 아주 좋은 퇴비가 된다는 사실을 알게 되었다. EM발효액을 활용해 음식물 쓰레기를 퇴비로 만드는 실험을 계속했다. 그 동안 이 아파트에서 음식물 쓰레기 처리를 위해 지출했던 비용이 월 117만 원이었으나 음식물 쓰레기 자원화 사업으로 현재는 월 120만 원의 수익을 거두고 있다. EM발효액 생산을 위한 설비는 지원을 받아 아파트 지하 기관실에 설치했기 때문에 별도의 비용이 들지 않았다. 또한 아파트 지하실은 온도가 늘 28~30℃를 유지되어 EM 발효액을 만들기에 최적의 조건이었다.

이제 청구3차아파트는 아파트 협동조합으로 전환하려고 한다. 농가 생산자들과 자매결연을 맺으면 아파트에서 만든 EM발효액으로 농작물을 생산하고, 이를 아파트 주민들이 구입하게 될 것이다. 농작물 가격은 생산자와 구매자가 함께 결정하고 계약 재배도 추진할 계획이다. 또한 2011년 7월에 아파트 단지 내에 꾸려진 나눔봉사단은 단지 내 가로수를 정비하고, 해충을 퇴치하는 등 환경정비 운동을 벌일 뿐만 아니라 탄소배출량 줄이기 캠페인도 벌이고 있다. 이처럼 청구3차아파트는 주민의견을 수렴하여 그 어떤 동네보다 지속가능한 삶터를 만들기 위한 노력을 아끼지 않고 있다. 주민들이 원하는 것, 필요로 하는 것을 입주자대표회의, 부녀회, 관리사무소가 함께 하나씩 바꿔나가고 있다. 주민들의 역량을 키우고, 민주적으로 의사를 모아내는 것이 지속가능한 동네공동체를 만들어가는 첩경이라는 사실은 이 아파트 단지가 보여주고 있는 것이다.

위로부터 커뮤니티 공간, 옥상텃밭, EM발효액 포장

5. 대안개발복지 성북구 "장수동네"[35]

서울시 성북구에 위치한 장수동네는 손꼽히는 낙후지역이다. 이곳은 한양 도성 밑에 자리하고 있어 일제 강점기 시절부터 사람들이 모이기 시작했다. 6·25전쟁 발발 이후 서울로 모여든 수많은 서민들은 저렴한 주거공간과 임시거처를 찾아 이곳으로 모여들었고, 1960년대에 무허가 판자촌이 들어섰다.

장수동네에는 대부분 40~50년이나 된 낡고 노후한 집들이 밀집해 있고, 길이나 골목은 매우 좁고 가팔라 불편하기 짝이 없다. 160여 채, 317세대가 살고 있는데, 아직 도시가스도 들어오지 않을 정도로 사회기반시설이 열악하여 안전사고의 우려까지 존재한다. 3평 미만의 이른바 '쪽방'들도 아직 많이 남아 있다. 현재는 약 700명 정도가 살고 있는데, 절반 이상이 65세 이상의 고령자들이다.

이런 환경 때문에 2004년에 이 지역은 주택재개발예정구역으로 지정되었다. 그런데 주변에 서울 성곽과 삼군부 총무당 등의 문화재가 있고, 지형이 북동향의 급경사 구릉지라 재개발사업이 진행되지 못하고 있다. 또한 토지의 64% 정도가 국공유지인데 이곳에 들어선 건축물들은 대부분 무허가주택들이다. 이곳은 근대도시의 서민 주거지 형성과정이 아직까지 간직하고 있다. 서울시민에게 있어서 단순히 물리적인 공간이라기보다는 과거의 기억이나 감정, 향수, 배고픔 등과 같은 추억이 서려있다. 전쟁의 아픈 기억과 가난의

흔적이 묻어있는 장수동네는 산업화와 근대화를 겪으며 늘 주택재개발사업의 대상지 또는 불량주거지로 취급되어왔다.

이런 조건들 때문에 주택재개발사업을 재검토해야만 했다. 2008년에 여러 단체들이 참여하는 대안개발연구회가 결성되었다. 대안개발연구회는 장수동네에 대안적인 실험을 하기로 결정했다.[36] 이 연구회를 중심으로 장수동네에 대한 대안개발계획 기본구상을 세우고, 동네주민의 동의를 얻어 정비방식을 결정하기로 했다. 주민설문조사와 두 번의 주민설명회가 열렸고 주민워크숍도 4번이나 개최되었다. 여기서 모아진 의견들을 반영하여 마스터플랜을 작성하였다.

주민협의회를 구성하고 3회의 주민총회, 3회의 주민워크숍을 통해 순환식 재개발에 의한 '테라스하우스형 공동주택' 방안을 검토했지만 주민들의 재정적 부담이 컸기 때문에 공동주택방식을 대안에서 제외하기로 결정하였다. 다시 여러 논의를 거친 끝에 전면철거방식의 공동주택 공급방식이 아닌 현지개량방식으로 동네를 만들어보자는 데 의견을 모았다.

사업에 앞서 주민현황조사와 다양한 주민참여 프로그램들을 본격적으로 진행하였다. 즉, 장수동네의 주민실태와 골목길 현황을 조사하여 동네의 문제점이 무엇인지 검토하고, 동네에 있던 빈집을 개보수해서 주민 공동시설인 주민사랑방을 개소하였다. 또한, 2010년 4월부터 정기적으로 매달 장수동네 소식지를 발행하여 동네의 통신원처럼 활용하였고, 빈집 앞의 공터에 미술관을 설치하여 동네 주민들의 커뮤니티 공간으로 사용하였다. 2009년 10월 한성대학교 미술전공 학생들 100여 명이 봉사단을 꾸려 20여 개의 가옥을 대상으로 벽화작업을 실시하였다. 성북구청에서는 2010년 4월부터 11월까지 골목길 계단에 손잡이를 설치하도록 지원했다. 2010년 10월에는 동네학교가 개최되어 장수동네 주민들에게 집수리 방법, 방수 및 방충망 설치요령 등을 교육하였다.

지난 2011년 7월에는 동네기업인 '동네목수'가 성북구청과 사업지원을 체결했다. 동네목수는 빈집을 리모델링 해서 작은 카페를 만들었으며, 경로당 지하의 빈 공간을 활용하여 목조공방을 설치했다. 동네목수는 그 외에도 골목디자인교실과 연계한 쉼터공간을 조성하는 등 동네커뮤니티 공간의 조성에 동네목수가 큰 역할을 하였다. 동네의 모습이 하나씩 변화되기 시작했다. 한편, 2012년에 동네목수의 집수리, 빈집 리모델링 활동이 더욱 활발해져 4월부터 8월까지 장수동네 주변의 20여 가구가 동네목수를 통해 집수리 시공을 마쳤다. 특이한 것은 동네목수로 고용된 정규직 4명과 일용직 27명이 모두 동네 주민들이라는 점이다. 주민들이 직접 집수리와 리모델링 작업에 참여함으로써 주민일자리와 소득을 창출하는 성과를 얻었던 것이다.

성북구 장수동네 만들기에서는 단순히 주거환경과 인프라를 정비하는 물리적 개선뿐만 아니라 주민모임, 동네학교 등 공동체의 성장을 꾀하는 다양한 활동들이 시도되고 있다. 장수동네는 그것을 공동체 활동을 통해서 모색하고 있다는 점에서 큰 의의가 있다고 하겠다.

장수동네 골목길 풍경

런던 포플라의 실험³⁷⁾

런던의 금융신도시 카나리워프의 마천루들을 지척에 둔 포플라(Poplar)는 런던에서 가장 가난한 곳이다. 200년 이상 가난하게 살아온 곳이다. 그런데 이곳에서 사회적 기업 포플라 하카(Poplar HARCA)³⁸⁾가 활동하면서 변화가 시작됐다. 저소득층을 위한 집 8500채를 보유한 하카는 원주민들의 목소리를 키우고 자치를 확대하는 데에 이익을 환원해왔고, 동네 곳곳에서 그 성과가 나타나고 있다.

동네상점과 교육 공간, 주민 프로그램에 필요한 자금은 모두 포플라 내 건물 재개발에서 얻고 있다. 민간업체와 함께 하카가 2층짜리 낡은 건물을 증축해서 12층짜리 빌딩을 짓고 공공임대 등 사회적 주택으로 쓸 2개 층을 빼고는 민간에 팔았다. 이런 수익과 정부·기업의 보조금과 기부금을 합쳐 연간 400만 파운드(약 80억 원)를 모으고 있으며, 개발이익은 고스란히 주민에게 돌아간다.

하카 주택의 입주자는 2만5000명이지만 하카의 활동은 포플라 전체에 영향을 미친다. 경전철(DLR) 랭던파크 역은 대중교통이 부족한 지역 사정을 하카와 주민들이 정부에 요구해 얻어낸 성과물이다. 300여 명의 하카 직원들은 포플라의 모든 주민들이 지역 개발의 혜택을 볼 수 있도록 사업을 구상하고 있다. 사회적 기업이 많은 영국에서도 이런 재투자는 흔치 않은 일이다.

왜 주택단지를 넘어 동네 전체여야 하는 걸까? 아마도 거주자만 교육하는 것은 지역을 살리는 개념이라고 볼 수 없기 때문일 것이다. 전체를 바꾸지 않으면 변화는 불가능하다. 깨끗한 건물이나 포장도로가 삶 자체를 바꾸지는 못한다. 문제는 살아 있는 커뮤니티, 동네 공동체인 것이다. 강한 공동체는 주민들의 자부심에서 나오는 것이지 건물, 도로에서 나오는 것이 아니다.

하카가 재건축한 건물에는 1~2개 층에 사회적 주택이 들어간다. 집 없는 사람들에게 싼 집을 공급하는 것을 넘어, 새로 생기는 주거지에 일반 주택과 공공임대가 공존하게 되면서 여러 계층이 섞이는 효과가 있다. 재건축 건물 1층에는 대개 동네기업들이 입점한다. 유통업체는 대기업보다 소규모 상점에 우선권을 준다.

특히, 하카는 청년과 청소년들에게 가장 공을 들인다. 아이가 있는 가족 거주자가 많고 포플라의 청년 인구비율이 유럽에서 가장 높기 때문이다. 그래서 청년들도 동네의 주체가 될 수 있는 장치를 마련하고 있다. 하카의 임대주택에는 단지별 위원장들의 논의 구조인 주민위원회가 있다. 하카는 여기에 청년권익위원회를 만들어 의견을 낼 수 있도록 했다. 11~19세 아이들이 참여하는 위원회는 청년층의 요구를 전달하기도 하고, 동네 안전을 개선하는 활동을 제안해 참여한다. 범죄율을 낮추기 위해 청소년들이 특정지역에 몰려 있지 않도록 동네 규정을 만들어서 또래들에게 알려주거나, 지역 범죄보고서를 만화로 만들어 배포하기도 한다.

이처럼 20년 가까운 포플라의 실험은 조금씩 동네를 바꾸고 있다. 정부의 '지역빈곤지수'(Index of Multiple Deprivation) 조사에서 2005년 포플라는 최악이었지만, 2010년에 드디어 꼴찌에서 벗어났고, 지금은 약 3만2500개 지역 중 뒤에서 12번째 정도까지 올라왔다. 앞으로 포플라 하카에서는 여가에서조차 소외됐던 주민들이 동네 안에서 즐길 거리를 찾을 수 있게 할 계획이다. 또한 목 좋은 시장의 장점을 살려 이익을 높이면 동네기업의 임대료를 낮추는 식으로 주민들에게 재투자도 할 계획이다. 특히, 시장이 활성화되면 일자리까지 만들 수 있기 때문에 민간업자와의 재개발을 통하여 수익금은 시장을 바꾸는 데 쓰려고 한다. 포플라에는 아직 대형 영화관이나 큰 상점들이 없지만 시장이 새롭게 탄생하면 주민들이 도심에 나가지 않아도 여가를 즐길 수 있을 것이다.

사회적 기업은 사회적 목적을 우선으로 하는 경제사회조직을 말한다. 우리나라의 경우 사회적 기업이 2011년 644개 사에서 2015년 3월 현재 1299개 사로 매년 증가하고 있다. 평균 매출액도 2013년 28억 6292만 원에서 2014년 37억 1662억 원으로 증가했다.[39] 이처럼 우리 사회에서 사회적 기업이 차지하는 공익적 순기능과 사회적 경제의 파급효과가 그 만큼 크다는 얘기다.

사회적 기업 포플라 하카가 다양한 계층을 담는 사회적 혼합 주택가를 건설하고, 지난 20여 년간 실험해온 강한 동네공동체는 우리에게 사사하는 바가 크다. 이 실험은 강한 공동체를 만드는 것이 동네복지의 성공 요건 중에 가장 중요한 부분이라는 사실을 다시금 일깨워 주었다. 특히 우리나라에서는 자녀교육이나 집값 하락 등을 이유로 다양한 계층의 사회적 혼합을 실험하기 쉽지 않다. 하지만 나는 양극화와 노동시장의 유연성이라는 뿌리 깊은 사회문제를 해결하려면 런던 포플라의 실험을 과감하게 도입해야 한다고 생각한다. 그래야만 저소득층 밀집지역도 도시재생 과정에서 새롭게 지역사회와 더불어 사는 강한 공동체로 다시 태어날 수 있다. 동네복지의 시작도 런던 포플라와 같이 이웃에 대한 관심과 배려, 애정과 연대가 있는 강한 공동체를 만들어 가고자 하는 노력에서 출발하는 것이다.

위로부터 학교의 녹음실, 수업광경, 주민교육

쉬고 기대고 서로를 돌아보는 곳,
　　인간의 행복할 권리를 실현하는 동네이야기...

6장
동네복지의
행복한 미래

06

동네복지의 행복한 미래

―

왜 동네복지가 대안인가?

아이 낳아 잘 키우고, 자기 하고 싶은 일 하면서 살 수 있는 동네!
오래도록 살면서 이웃들과 정을 나누는 동네! 작은 가게들이 동네를
살피고 어슬렁대는 아이들을 챙기는 동네! 자잘한 소문을 서로 옮겨
주며 소통하면서 서로를 인정하는 동네! 아이들은 물론이고 청소년
과 청년들이 존중받으며 동네일에 한몫하는 동네! 퇴직한 아저씨도
나이 지긋한 어르신도 어른으로 인정받으며 세대가 함께 어울려 살
아가는 동네! 바로 그런 곳이 동네복지를 완성해가는 동네이다.

그렇다면 인간적인 동네, 살기 좋은 동네는 어떤 모습일까?

동네 안에서 걷거나, 서서 거리를 바라볼 수 있는 동네. 앉아 있
거나, 듣고 말하거나, 놀기도 하고, 이야기를 나누는 동네. 햇볕을

즐기면서, 함께 먹고 일하는 동네. 동네복지는 이런 것이 구현되는 동네를 만드는 것이다. 동네를 어떻게 구성하느냐에 따라 동네사람들의 행복 수준이 달라질 수 있다. 동네의 시설을 누구나, 언제든지 공평하게 이용할 수 있게 해야 한다. 그러기 위해서 동네 공간을 새롭게 설계하여 동네 공동체가 활성화되게 해야 하는 것이다. 그래야 동네가 지속가능하게 되고, 골목경제가 순환하는 연대 경제의 모델을 만들 수 있다.

동네복지는 사람중심으로 지원되어야 한다. 이웃이 이웃을 서로 도우며 살아갈 수 있는 동네복지체계는 더불어 사는 동네공동체를 만드는 바탕이 된다. 공간을 바꾸는 것도, 보행조건을 감안하여 개선하고, 자전거 길을 활성화하여 사람 중심의 대중교통체계를 세워야 한다. 지역화폐나 협동조합과 같은 연대경제시스템을 통해 골목경제가 살아나도록 해야 한다. 이러한 것들이 유기적으로 작동해야 이웃 간의 정을 느끼고, 범죄나 폭력을 예방하고, 머물고 싶은 동네가 된다. 놀기와 여가가 상호작용하는 동네가 바로 동네복지가 추구하는 미래의 동네이다.

이번 장에서는 누구나 살고 싶어 하는 동네복지의 미래를 함께 그려보려고 한다. 돌봄과 교육이 살아 있는 동네, 세대가 어우러지는 동네, 골목경제가 살아 있는 동네, 안심하고 오래 살 수 있는 동네, 작은 나눔이 있는 동네를 추구했던 사례를 통해 새로운 동네복지의 모습을 가늠해보는 것은 꽤 의미 있는 일일 것이다.

탈것으로부터의 보호	범죄 · 폭력으로부터의 보호	불쾌한 감각 · 경험으로부터의 보호
• 교통사고 • 악취, 소음 • 시야의 장애 • 자전거 도로	• 충분한 조명 • 안전 감시인 • 시/공간적으로 공간의 기능 중점 • CCTV 설치	• 바람과 돌풍 • 비와 눈 • 추위와 더위 • 오염, 먼지, 소음

걷고 싶게 만드는 힘	서서 머물고 싶게 만드는 힘	앉아있고 싶게 만드는 힘
• 보행도로 • 핵심지역으로의 접근성 • 흥미로운 건물 외관 • 장애물이 없을 것 • 도로 표면의 질	• 매력적이고 기능적인 길거리 • 머물 수 있게 정비된 지점들 • 기댈 수 있는 시설	• 앉을 수 있게 마련된 구역 • 앉아 있는 이점을 극대화 • 행인들을 보며 즐기는 기분 좋은 경관 • 앉아 쉴 수 있는 기회

시각적인 매력 듣고 말하기	놀기와 여가, 상호작용	시간대별, 계절별 활동
• 충실히 어어지는 길 안내 • 막힘없는 시야 • 재미난 경관 • 야간 조명, 낮은 소음 • 앉아서 대화할 수 있는 공간	• 놀고 즐기고 상호작용하는 신체활동 • 시장가기, 전시 관람 같은 일시적 활동 • 쉬고 만나고 상호작용하는 선택적 활동 • 공공영역에서 사람들과 상호작용할 기회	• 24시간 가동되는 동네 • 낮 동안 느낄 수 있는 동네 기능 • 사람에게 맞는 감도의 조명 • 스케이팅 같은 계절별 활동 • 불쾌한 기상조건으로부터의 보호

인간적인 규모	긍정적인 기후	미적 감각
• 건물, 공간이 인간의 감각과 활동 및 행동에 맞는 크기	• 햇빛과 그늘 • 따뜻함과 시원함 • 바람과 환기	• 좋은 디자인과 마감 처리 • 튼튼한 자재 • 시야의 확보 • 풍부한 감각적 경험

1. 돌봄과 교육이 살아있는 동네

누구나 살고 싶은 동네복지에서는 아이들을 함께 키우는 일이 동네생활의 가장 중심에 자리 잡고 있다. 동네에서 아이들을 함께 돌보게 되면 자연스럽게 동네생활과 관계망으로 편입할 수 있게 된다.

요즘 우리 사회에서 아이들을 제대로 키우기가 쉽지 않다. 대부분의 서민들은 맞벌이를 하고 있어서 어린 자녀의 보육은 가장 큰 짐일 수밖에 없다. 우리 사회는 갈수록 아이들과 여성들 입에 담기조차 무서운 범죄의 대상이 되고 있을 만큼 불안하다. 끔찍한 범죄의 장소가 바로 우리 아이들이 뛰어 놀고 공부하는 어린이집이고 심지어 제 집안이기도 하다는 점은 그 끔찍함을 더해준다. CCTV를 조밀하게 설치하는 것을 해결책으로 제시하는 사람들이 있는데 과연 CCTV만으로 이런 흉악범죄가 줄어들 수 있을까?

결론부터 말하자면 아무리 성능 좋은 CCTV도 이웃의 살가운 눈보다는 못하다. 돌아서면 제 부모와 아는 어른들이 모여 있고, 이미 친밀하게 알고 지내는 사람들의 시선이 닿는 곳이 아이들에게는 가장 안전한 장소이다. 대안 어린이집의 한 형태인 공동육아 동네공동체가 관심을 끄는 이유도 그 때문이다. 부모가 돌아가며 아이들을 돌보고, 동네 육아사랑방을 운영하는 부모협동형 어린이집이 매년 증가하고 있는 이유이기도 하다.

부모협동형 대안 어린이집 인기

- 우리 아이는 우리가 키운다 -

22일 울산 중구의 부모협동형어린이집 '뜰에 어린이집'에서 만난 조합원 이모 (30·여)씨는 "조합원인 부모들이 한 달에 한 번씩 보육교사와 프로그램을 비롯해 운영 전반에 대해 의견을 나눈다"며 "부모 28명이 공동출자해 지난해 9월 문을 열었고, 부모들이 직접 실내장식을 하고 친환경 자재와 교구도 구입한다"고 말했다.

점심시간이 한창이었는데 아이 3~4명당 보육교사 한 명이 함께 식사를 했다. 0~4세 원아 28명을 4개반으로 나눠 보육교사 6명이 돌본다. 교실은 투명유리로 만들었고 복도, 출입문, 야외놀이터 등을 포함해 8곳에 폐쇄회로(CCTV)를 설치했다. 이정아(45·여) 원장은 "부모들도 조기교육보다 아이들의 행복에 더 관심이 많다"고 설명했다.

어린이집 사고가 잇따르면서 이러한 대안 어린이집의 인기가 높아지고 있다. 조기교육보다 인성교육을 강조하면서 시작됐지만 최근에는 과도한 체벌 등을 피하기 위해 더 늘어나는 추세다. 하지만 맞벌이 부부의 경우 참여하기 힘들다는 한계도 있다.

대안 어린이집의 가장 흔한 형태는 공동육아 마을공동체다. 부모가 돌아가며 아이들을 돌보거나 동네 육아사랑방을 운영하는 식이다. 이 중 어린이집으로 등록한

곳을 부모협동형어린이집이라고 부른다. 2009년 66곳에 불과했지만 지난해 149개로 2배 이상으로 급증했다.

서울 은평구의 '한빛마을센터 육아공동체'는 3년 만에 회원이 100여명으로 불어났다. 강북구의 '이웃집 엄마들의 육아 협동 프로젝트'는 마당청소, 벽화 그리기, 내부청소 등 마을 사람들이 함께 아이를 키우는 형식이다.

김미희 한빛마을센터 대표는 "공동육아에는 품앗이가 필요해 맞벌이 부부를 받아들이기는 쉽지 않다"며 "맞벌이는 돈으로 지원하게 되는데 부모의 노동력을 돈으로 대체할 수 없다는 생각이 많기 때문"이라고 말했다.

이에 따라 최근에는 맞벌이 부모들이 모여 만든 어린이집도 탄생했다. 서울 영등포구의 '이야기 꾸러미'는 어린이집이나 학교를 마친 아이들이 학원을 가기 전에 들르는 놀이공간이다. 박소영 대표는 "부모가 꼭 재능기부를 하지 않아도 되고, 카페와 놀이공간을 함께 운영하면서 카페의 수익으로 놀이공간의 운영비를 일부 충당하는 형태"라고 밝혔다.

이현숙 '공동육아와 공동체교육' 돌봄팀장은 "현재 90% 이상이 전업주부인데, 맞벌이 부부도 대안 어린이집에 참여할 수 있게 탄력근무제 등 제도를 마련해 주는 것이 필요하다"고 말했다.

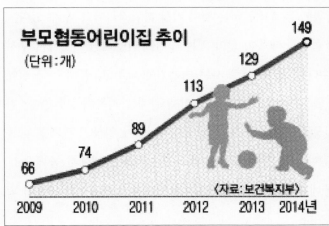

부모협동어린이집 추이
(단위 : 개)

149
129
113
89
74
66

〈자료 : 보건복지부〉

2009 2010 2011 2012 2013 2014년

가정폭력은 눈에 띄지 않는 사적 공간에서 일어나기 때문에 그 결과가 더욱 파괴적이다. 그래서 무엇보다 대면 관계가 가능한 동네 단위의 지원 네트워크를 통해 문제를 해결하는 것이 바람직하다. 이런 지원 시스템이 효과적으로 작동하고 실질적으로 지원되려면 피해자가 동네 단위의 친밀한 관계망에 연결되어 있어야 한다. 쉽게 말해서 피해자가 늘 이웃과 교류하고 소통하는 관계여야 한다는 것이다. 이러한 관계망이 없다면 지원기관들의 네트워크가 잘되어 있다고 해도 지원에 한계를 가질 수밖에 없다. 따라서 가정폭력의 궁극적인 해결책은 동네만이 가질 수 있는 장점, 즉 일상의 관계망을 중심에 두고 접근하는 것이 가장 바람직하다고 할 수 있다.

이러한 돌봄과 교육이 살아 있는 동네를 만들려면 이웃들이 수시로 모여 수다를 떨고, 서로 사는 이야기를 나누고, 끝내 누구 집에 숟가락이 몇 개인지도 알게 되는 이웃 관계를 회복해야만 한다. 친밀감은 일상적인 교감을 통해 만들어진다. 이 일상의 관계를 나눌 수 있는 곳이 바로 동네이다. 그래서 아이들을 동네에서 함께 돌보는 일은 동네 생활의 가장 자연스러운 시작이고 관계망의 씨앗이 되어주는 것이다.

　대전시 태평동의 아파트 단지 어머니들은 '책 읽어 주는 모임'을
만들어 품앗이로 아파트 놀이터에서 아이들에게 책을 읽어 주다가
동네 어린이 도서관을 만들게 되었다. 책모임만으로는 아이들에게
다양한 책을 접하게 해주는 데 한계가 있다고 생각했기 때문이다.
그런 필요해 의해 생긴 동네 어린이도서관은 탁자와 소파, 의자를
직접 마련하고, 주민들의 후원을 받아 벽 가득히 책을 꽂은 도서관
을 만들 수 있었다. 이 도서관의 운영은 어머니들이 돌아가면서 자
원봉사로 해결하고, 전기요금 등의 운영비는 주민들이 매달 몇 천
원씩 내는 후원금으로 해결한다. 지금은 이 도서관이 입소문을 타
면서 대전 시내 다른 지역에도 '꾸러기도서관', '꿈터도서관', '또바
기도서관', '달팽이도서관' 등이 생겼다. 지금은 16곳이며, 더 많이
늘어날 전망이다.　하나같이 어머니들이 주축이 되어 만들고, 주민
과 함께 운영하는 도서관들이다. 도서관 장소도 주민자치센터나 아
파트 상가, 경로당의 빈 공간처럼 주거 단지 바로 옆에 만들어서 어
린이들이 이용하기 편리하고 친근하게 느끼도록 하기 위해 내부 공
간도 책 많은 가정의 거실처럼 꾸몄다.[40]

이처럼 동네가 다양한 주민들이 살아가는 삶터라면, 바로 이곳이 우리 아이들이 살아가기를 맛보고 미래를 꿈꾸는 교육의 터전이 되는 게 당연하다. 동네가 학교가 되고, 학교 담을 넘어 동네를 누비며 공부하는 학생, 교사도 동네의 주민이, 학부모가 교사가 되는 그런 동네를 만들어가야 한다. 이렇게 아이들은 동네교육과정에 기초한 일상의 관계 속에서 구체적인 탐색을 통해 지적 구성력을 훈련하고, 관계 맺기의 다양한 성공과 실패를 겪으며 생활의 주체로, 삶의 주인으로 성장해가야 한다.

또한 아이들은 놀이를 통해 관계를 형성하고 소통의 감수성을 배운다. 놀이를 통해 약자를 챙기고 협동을 익히며, 인생의 승리와 패배가 매번 순환하는 일상임을 알게 된다. 문제는 위험에 대한 염려이다. 결국 관건은 불안을 극복하는 것이다. 이 불안은 부모들이 함께 아이들을 돌보아야만 극복할 수 있다.

동네를 매개로 하여 학교와 학교 밖이 연결되고, 정규교육과정과 동네에서의 생활이 통합된다면 동네에서 아이들을 함께 돌보고 함께 키우는 생활이 비로소 가능하게 될 것이다. 그러면 영유아보육과 초등 방과 후로 이어지는 일련의 돌봄과 교육의 생태계가 동네 차원에서 갖춰지는 것이다. 그렇게 되면 동네공동체가 내 생활의 가장 절실한 문제를 해결하는 구체적인 대안이 되며, 돌봄과 교육이 살아있는 동네가 되는 것이다.

2. 세대가 어우러지는 동네

세대가 어우러지는 동네복지는 어떻게 가능할까?

우선 동네는 세대 간에 지속적이고 반복적인 관계망을 확장해나가고자 노력해야 한다. 동네에서 관계망 확장의 주축은 아마도 주부들일 것이다. 주부들은 대부분 아이를 키우기 위해 직장을 포기하고 동네에 정착하면서 동네 일꾼으로 성장해 간다. 물론 말처럼 쉬운 건 아니다. 아이들의 과다한 사교육비, 양육비로 가정의 실질소득이 낮아져서 생활하기 힘들고 양극화가 심해지는 구조에서 동네 일꾼으로 일하기는 쉽지 않다. 이웃에 관심을 보일 여유도 없고 엄두도 내기 어려운 게 현실이다.

동네는 지금 새로운 돌파구를 필요로 한다. 동네공동체의 새 주체로 2,30대 청년들을 주목해야 한다. 절반 이상이 실업상태이고 늘 불안해 싸인 청년세대에게 동네가 활동과 경험의 장이 될 수 있도록 만들어주어야 한다. 그들에게 삶을 위한 최소한의 안전망을 갖추어주면 사회를 변화시키고 동네를 변화시키는 새로운 주체로 서게 할 수 있다. 동네에 청년들이 발을 딛고 정착하게 하고, 이들과 함께 살기 좋은 동네를 만들어간다면 세대가 어우러지는 동네를 만들 수 있을 것이다.

또한 5,60대에게는 동네에서 인생의 이모작을 할 수 있게 만들어 주어야 한다. 최근에는 평균 퇴직연령이 50대 초반으로 낮아졌다. 또한 비자발적인 퇴직자도 전체 은퇴자의 3분의 1을 차지하고 있다. 지금의 50대는 육체적으로나 정신적으로나 한창 일할 나이다. 이들은 한창 일해야 할 때 조직에서 이탈되면서 사회로부터 배제됐다는 상실감에 휩싸여 있다. 이들에게 상실감을 극복하게 해주고 동네에서 제 역할을 할 수 있도록 도와주어야 한다. 동네는 젊은 이들과 은퇴자들을 멘토링 관계로 연결해 주어야 한다. 동네는 선배 세대의 경험을 시장이 아닌 관계를 통해 잇고, 교육이 아닌 공감을 통해 전수하는 곳이어야 한다. 새로운 동네복지는 이렇게 관계를 통해 구현되는 것이다.

온양3동은 얼마 전 '세대가 어우러지는 동네 만들기 협약식'을 체결하였다. 예전에는 자녀양육 경험이 세대 간에 전승될 수 있었다. 부모가 일터에 나가더라도 아이들을 돌봐줄 수 있는 할아버지, 할머니가 있어서 아이들을 돌보는 것은 물론이고 어르신이 느끼는 고독감도 해소될 수 있었다. 그러나 요즘은 부모님 공양도 자녀양육도 뭐 하나 제대로 하기 힘든 시대가 되었다. 그래서 온양3동은 경로당 어르신과 어린이집 아동 간의 자연스러운 만남을 제공했다. 경로당이 설치되어 있는 25개 동네의 노인회장님과 각 동네의 어린이집 원장님과 협약을 체결하였던 것이다. 어린이집 아이들이 산책을 나가다가 한 번씩 경로당에 들러서 할아버지, 할머니에게 동요도 불러드리고, 어깨도 주물러 드렸다. 어버이날에는 아이들이 직접 만든 카네이션도 달아드리고 큰절도 드렸다. 할아버지, 할머니는 아이들의 이런 행동이 너무 예쁘고 기특해 아이스크림을 사 먹으라며 주머니에 꼭꼭 감춰두었던 천 원짜리 지폐를 꺼내어 아이들 손에 쥐어주는 풍경도 연출되었다.

또래 어르신들과 무료하게 보내는 낮 시간에 등장한 아이들 때문에 어르신들은 또 다른 삶의 보람과 재미를 느꼈다. 아이들도 어르신들과의 관계를 통해 지혜를 배우고 사회성을 기를 수 있을 것이다. 이것이 동네 관계망을 통한 세대공동체의 모습을 구현하는 작은 걸음이다. 이제 이것이 장기적이고 지속적일 수 있도록 해야 세대가 어우러지는 동네를 만들어갈 수 있을 것이다.

　이처럼 세대가 어우러지는 동네는 아주머니와 청년들이 수다도 떨고, 학생들이 동네 골목을 활보해도 이웃이 있어 안심이 되는 그런 동네이다. 또한 인생의 이모작 세대와 동네 어르신들이 함께 동네일을 의논하고, 어르신들이 동네의 정신적 지주가 되는 그런 동네이다. 다양한 연령대가 동네에 접속하고 모여서 자연스러운 관계망을 이루어가는 곳, 그곳이 동네복지가 실현되는 동네인 것이다.

3. 골목경제가 살아있는 동네

동네의 작은 가게는 동네의 자잘한 모든 일들을 살피는 관계망의 중요한 허브 역할을 한다. 골목길을 서성이며 오가는 아이들이 어느 집 아이인지 알아보고, 거동이 불편한 동네 어르신들이 들리면 살가운 말동무가 되어 드리고, 낯선 사람이 동네에 들어오면 어느 집으로 들어가는지 눈여겨본다. 늦은 퇴근길에도 동네 골목마다 불이 환한 가게의 주인과 눈인사를 주고받으면 마음이 든든해지고 안심이 된다. 이처럼 동네 가게는 우리의 이웃 관계를 다시 연결하고 복원하는 소중한 고리 역할을 해주고, 골목 안전망의 보루 역할을 대신 해주고 있다.

하지만 동네 가게는 거대 유통자본에 비해 매우 취약한 구조를 가지고 있다. 기업형 프랜차이즈가 동네 골목까지 눈독을 들이면서 동네 슈퍼나 세탁소, 식당 등 작은 가게들이 활기를 잃고 문을 닫고 있다. 정부에서도 이를 해결하기 위하여 노력하고는 있지만 별다른 뾰족한 수가 보이지 않는다. 지금까지 동네 가게를 경제적 측면으로만 인식했다면 이제는 그 존재 가치에 대한 인식을 전환해야 한다.

동네 가게는 단순히 상품을 사고파는 곳이 아니다. 이곳은 이웃 주민들을 연결하고 관계망을 형성하는 장소이다. 이제 동네 가게의 활로를 찾는 방법을 모색하면서 물리적 측면이 아니라 그 고유의 역할을 고려해야 한다.

　대기업의 프랜차이즈 베이커리가 대규모 유통망을 형성하면서 동네빵집이 거의 사라지는 듯했다. 그런데 동네빵집 사장님들이 모여 동네빵네협동조합을 만들면서 분위기가 바뀌기 시작했다. 매출이 부진한 원인이 내부에 있음을 간파하고, 서울 서대문구과 은평구에 있는 동네빵집이 힘을 합쳐 프랜차이즈 빵집과 경쟁하기 위한 시동을 걸었다. 그들은 지금까지 프랜차이즈 빵집의 자금력만을 탓해왔던 것이다. 이 조합은 자금을 모아 특성이 있는 오븐, 자동반죽기, 천연효모 배양기, 자동분할기 등 최신 설비를 갖춘 위생적인 공동 작업장을 마련했다. 한 점포를 운영해서 얻는 수익으로는 엄두조차 내기 힘든 설비였지만 조합원의 힘이 합치니 가능해진 것이다.

　충분한 설비를 갖추자 동네빵네협동조합은 '생지'를 차별화 전략으로 내세운다. 다 만들어진 빵을 오븐에 데워주는 것보다 생지로 만든 빵이 훨씬 신선하고 맛있기 때문이다. 1차 발효를 시켜 분할한 반죽 덩어리가 배달되면 각 동네빵집은 2~3차 발효를 거쳐 신선한 빵을 만든다. 생지의 맛은 까다로운 고객의 입맛을 만족시켰고 곧 매출 상승으로 이어졌다.

동네빵네협동조합은 주1회 정례회의를 한다. 신제품 개발 아이디어, 고객응대 노하우 등을 배우며 동네빵집 이들은 스스로 변했다. 그러자 동네빵집 사장님들에 대한 신뢰가 자연스럽게 뒤따라왔다. 수십 년 동안 장인정신으로 빵을 만들어온 이들에게 고객들은 감동했고, 그것 때문에 다시 사장님들의 열정이 깨어났다.

동네빵네협동조합에 가입된 동네빵집은 이제 사랑방이 되었다. 오랫동안 동네빵집을 지키다보니 사장님들은 고객의 대소사와 함께하고 있다. 흔한 말로 '숟가락이 몇 개 있는지' 알고 지낸다. 이처럼 이웃을 먼저 생각하는 마음이 골목경제를 살리고 있다.[41]

문래동 창작촌

요즘 영등포구에 위치한 문래동 창작촌이 젊은이들 사이에서 큰 인기를 끌고 있다. 젊은 작가들이 모여 작업을 하고, 사람이 들어오니 동네가 따뜻해졌다. 무엇보다 골목경제가 다시 살아나기 시작했다.

문래동 철공소 거리에는 중소철공소들이 밀집되어 있다. 한때 호황을 누릴 때도 있었지만 시대의 흐름을 따라잡지 못하고 그동안 많은 철공소들이 문을 닫거나 서울 외곽으로 이전했다. 그렇게 철공소 거리가 잊혀져갈 즈음 젊은 예술가들이 이곳으로 몰리기 시작했다.

싼 임대료 때문에 모여 들었던 젊은 예술가들이 자신들의 예술세계를 문래동 철공소 거리 한 켠에 담아내기 시작했다. 예술활동을 자신의 작업실에만 국한하지 않고 문래동 골목길로 확장해 조형물을 설치하고 벽화를 그렸다. 그러자 칙칙했던 동네에 활기가 살아나기 시작했다. 그 변화의 중심에는 바로 보노보C가 있다.

보노보C는 지난 2005년 문래동 창작촌에 합류하여 친환경 예술 체험교육, 올래 문래투어, 공공 미술활동 등을 하고 있다. 창작촌의 젊은 예술가들이 이 세 가지 사업에 참여하고 있다. 왜냐하면 문래동 창작촌 예술가들이 지역사회에 기여하자는 보노보C의 활동 취지 때문이다.[42]

정부에서도 동네가게를 지원하여 지역주민들이 참여하고, 주민들이 동네가게와 소통할 수 있도록 동네 축제의 기회를 만들어 주어야 한다. 동네가게와 재래시장에 지역의 각종 문화행사를 열 기회를 주어야 한다. 그렇게 되면 지역주민과 상인의 공통 관심사가 생기는 것은 물론이고, 동네가게가 활로를 찾고 골목경제가 살아날 수 있다. 이보다 앞서서 이웃인 동네가게의 단골이 되어주어야만 한다. 단골은 꼭 물건이 좋고 서비스가 좋아야만 만들어지는 것이 아니다. 단골은 제품 외적인 신뢰관계가 있다. 이 신뢰관계를 바탕으로 해야 활기에 찬 동네가 만들어지고 CCTV보다 더 안전한 골목의 안전망이 되살아날 수 있을 것이다.

일본의 전통축제 마츠리

일본 가구라자카의 마츠리 축제는 지역주민들이 이웃가게와 소통하는 대표적인 지역축제이다. 일본의 전통축제인 마츠리는 유카타를 입은 자원봉사자들이 가구라자카를 안내해주어 고객들에게 흥미를 유발한다. 주변음식점은 간이매점을 만들어서 먹을거리를 제공한다. 축제에서 가장 흥을 돋우는 것은 아와오도리 춤이다. 20개 팀이 이 춤을 추면서 가구라자카를 누비면 수많은 구경꾼들이 몰려든다. 일본에서는 이런 지역 이벤트를 통해 이웃가게 살리기 운동을 다양하게 펼치고 있다.[43]

재래시장의 활성화는 골목경제 활성화에 빼놓을 수 없는 과제이다. 이미 골목까지 거대 유통사가 들어와 있고, 소비 수준이 상향평준화된 상황에서 재래시장 자체에서 획기적인 타개책이 나오기는 어렵다. 재래시장은 이제 지역사회의 동네 관계망에 연결되어야 한다. 그래야 재래시장 원래 갖고 있던 자체의 존재 의의가 좀 더 분명해지고 매출 상승도 기대할 수 있다. 동네가게처럼 어떻게 해서라도 제품 외적인 신뢰와 안면 관계의 촉진을 재래시장이 감당해내야만 한다. 동네가게와 재래시장이 동네의 내부 거래망으로 연결되는 길목의 역할을 할 지역화폐의 가능성에 대해서도 적극적으로 궁리할 필요가 있다. 아직은 실험적인 단계라고 할 수 있지만, 이러한 것들이 제대로 갖추어질 때 호혜적 골목경제의 생태계가 만들어질 수 있을 것이다.

쿤훈토 파우메이라스

브라질 북동부의 해안 관광도시 포르탈레자에서 약 23㎞ 떨어진 곳에 콘훈토 파우메이라스라는 동네가 있다. 이 동네는 도시개발로 포르탈레자에서 버림받은 사람들이 모여든 곳이다. 예전에는 전기와 수도, 대중교통은 물론 집도, 학교도 없는 허허벌판이었다. 1981년 주민들은 '콘훈토 파우메이라스 주민연합'을 조직하여 수도, 전력, 도로 등의 기본 인프라를 구축하기 시작했다. 가난을 혼자서는 이겨낼 수 없다고 그들은 생각했다. 시 정부를 압박해 예산을 따오고 국제기구의 지원을 받았다. 빠르지는 않아도 조금씩 동네가 변하기 시작했다. 주민연합이 조직된 지 7년이 지나자 동네에 수도가 놓였고, 20년이 지나자 슬럼의 모습이 완전히 사라졌다.

동네가 꼴을 갖추자 이곳에서조차 밀려나는 사람들이 생겨나기 시작했다. 당시 주민의 75%는 문맹이었고, 90%는 가구당 소득이 하루 7달러 미만인 극빈층이었다. 인프라가 갖춰진 지 1년도 안 돼 가옥세와 토지세, 수도료를 낼 수 없는 주민 30%가 이곳을 떠났다. 이유를 알아보니 그들은 번 돈의 대부분을 동네 밖에서 쓰고 있었다. 동네를 통한 경제의 선순환이 이루어지지 않고 있었던 것이다. 주민회는 은행 설립이 반드시 필요하다는 결론을 내렸다. 지역단체가 기증한 2000헤알로 공동체 은행을 설립하였다.

은행은 곧 생산과 소비의 불쏘시개가 돼주었다. 파우마스 은행이 설립되자 세계는 인구 3만 명의 이 빈민촌을 주목하기 시작했다. 처음에는 지역화폐 지역화폐[44]는 1983년 캐나다의 마이클린턴이 만든 레츠(LETS)라는 것이 대표적이다. 지역내 교환시스템의 약칭인 레츠는 밴쿠버 근교의 코트니에서 시작돼 세계 곳곳으로 확산됐다. 우리나라에서도 대전한밭레츠, 과천 품앗이, 성미산공동체, 서초품앗이, 구미사랑고리, 부산사하품앗이 등이 지역화폐를 만들어 지역 안에서 돈이 돌 수 있게 하고 있다.

파우마를 종이로 만들어서 소꿉장난처럼 출발했는데 지금은 주유소, 약국, 마트 등 240여 개의 상점으로 확대됐다. 파우마는 은행의 역할을 넘어 동네경제공동체를 아우르는 기획재정부 역할을 담당하고 있다.

가난한 동네가 잘 살려면 경제적 연대가 필수적이다. 더 크고 좋은 가게가 아니라 모두 함께 발전할 수 있도록 돕는 것이 중요하다. 파우마스 은행은 제도권 은행의 문턱을 넘을 수 없는 가난한 사람들에게 0-3%대의 낮은 금리로 창업 대출을 해주고 있다. 이때 은행은 갖고 있는 소비지도, 생산 지도를 바탕으로 이들의 창업계획을 검토한다. 만약 기존의 사업과 중복되면 업종을 바꾸도록 설득한다.

지역의 청년들이 컴퓨터 기술을 배우려면 버스를 갈아타고 다른 동네까지 가야만 했다. 파우마스 은행은 이 사실을 알고 지역 내의 슈퍼마켓을 찾아가 컴퓨터 학원을 열게 하였다. 슈퍼마켓 사장은 지금 성공적인 컴퓨터 학원 매니저가 됐다. 파우마스 은행의 대출 상환율은 93%에 달한다. 업종을 세심하게 선택하고 직업교육을 병행한 결과였다. 이처럼 지역화폐는 지역의 돈이 지역 안에서 쓰이게 하고, 은퇴자들이나 기존의 경제조직에 소속되지 않은 이들이 노동력을 교환할 수 있도록해준다.[45]

정리하자면 골목경제가 살아 있는 동네는 동네가게와 재래시장이 이웃주민들과 끈끈하게 연계하는 곳이다. 이곳에서 다양한 관계망을 형성하는 이웃가게의 역할을 수행해 주어야 골목경제가 살아날 수 있다. 이용자들은 단골이 되어 신뢰하고, 유대를 강화하고, 정서적으로 규범적으로 결속하여 자주 찾고 싶은 곳이 될 때 비로소 골목경제가 살아 있는 동네가 만들어지는 것이다.

4. 안심하고 오래 살 수 있는 동네

안심하고 오래 살 수 있는 동네는 어떤 동네일까? 우선 살아가는데 가장 기본적인 주거의 문제가 해결되는 곳이어야 할 것이다. 나아가 사회적 활동을 하는 데 불편함이 없도록 주택 외부공간의 환경이 잘 갖추어진 곳일 것이다.

집은 동네 생활의 기본적인 요소이다. 집은 기본적으로 삶의 고단함을 풀어주는 장소인 동시에 마실 나온 이웃들과 만나는 소통의 공간이기도 하다. 그런데 2년마다 전세를 다녀야하기 때문에 주거생활 자체가 매우 불안하다. 그러다보니 늘 의식하지는 않더라도 뜨내기 정서가 깔려 있게 마련이다. 그런 불안함을 안고 살면서 이웃과 지속적으로 좋은 관계를 맺기는 어렵고 번거로울 수 있다. 이웃과의 관계가 돈독해지려면 한 집에 오래 살아야 한다. 이것을 해결하기 위해서는 주거문제에 대한 새로운 접근이 필요하다.

동네공동체에서 주거의 문제만큼 중요한 것도 없다. 그동안 주거문제는 주로 공급물량을 늘리는 쪽에 중점을 두었다. 그런데 이제 주거문제는 친환경적이고 공동체적으로 해결하려고 노력하고 있다. 무턱대고 새로 짓고 보자는 물리적 주거재생 행태는 이제 반성과 비판의 도마 위에 올라 있다. 지은 지 오래되고 관리가 부실한 집들은 개선해야 하고, 나아가 주거 편의 자체를 개선해야 하는 것이다.

주거재생은 아이를 기르고 먹거리를 나누는 등 생활에 필요한 요소들을 이웃과 함께 해결해가는 것이 병행되어야 한다. 물리적 재생과 사회 · 경제적인 인프라를 함께 추구할 수 있는 대안적인 주거 모델을 개발하고 성공적인 사례를 만들어 나가야 한다. 협동조합을 통해 주택을 공동으로 소유하고 관리하는 주거 모델들과 거리들이 나와야 한다. 내 집이 필요하면 이웃들끼리 주택협동조합을 만들어 코하우징형 공동주택을 소규모로 개발하면 된다. 또한 매우 빠른 속도로 싱글 세대가 늘어나기 때문에 독립적이면서도 언제나 접속 가능한 소형 복합주택 물량도 확보해야 한다. 단지형 임대 아파트 역시 저소득층 입주민들이 서로 의지하며 살 수 있도록 공간을 설계하고, 함께 아이를 기르거나 먹거리를 해결할 수 있는 프로그램이 실행되도록 지원해야 한다. 그런 생활 서비스를 지원할 때에는 입주민들이 협동조합형 동네기업을 창업해서 고용을 창출하고 직접 생산을 할 수 있도록 배려해야 한다.

은평구 구름정원

　현재 우리나라의 1인 가구는 전체 가구의 1/4을 넘어섰고 10년 뒤에는 500만 가구에 이를 것으로 예견된다. 이제 우리 사회는 혈연이 아니더라도 시간과 공간을 누구와 나누며 살지를 고민하기 시작했다. 외국에서는 오래 전부터 공동주거에 대한 실험이 있었다. 스웨덴의 페르드크네펜 주택, 핀란드의 로푸키리 주택 등은 청년들뿐 아니라 시니어 세대들까지 남과 사는 문제를 두고 실험했던 사례들이다. 최근에는 공유주택, 협동주택 또는 함께 살기 등의 다양한 방법이 시도되고 있다.

　서울 은평구 불광동에는 구름정원이라 실버형 공유주택이 있다. 사회적 가족공동체를 꿈꾸는 주택조합 하우징쿱이 건축과정을 주도하고 조합원 8가구가 모여 지하 1층, 지상 4층으로 함께 지은 주택이다. 평균 연령 52세인 구름정원 건축주들은 함께 은퇴를 대비하자고 뜻을 모아 이 집을 지었다. 겉에서 보면 별다른 장식이 없는 단순하고 소박한 모양이다. 그런데 안으로 들어가 보면 상당히 복잡하고 입체적이다. 마치 이들이 각각 살아오고 함께 살아갈 날들을 말하는 듯하다. 2층부터 살림집이고, 1층과 3층에는 공동보일러실과 공동세탁실이, 각 층에는 이웃들과 교류할 수 있는 공공마루를 갖추고 있다. 4층에는 손님맞이나 공동행사를 할 수 있는 넓은 커뮤니티룸이 따로 마련되어 있다. 여러 가구가 다락방을 두고 사는 것도 큰 특징 중의 하나다. 공동주택이면서도 내부는 단독주택처럼 개별가구의 특성에 맞게 지어졌다.

패시브하우스를 지향하는 구름정원은 옥상에 태양광집열판을 설치하고 외벽을 120㎜ 단열재로 두르고, 내벽은 6㎜ 반사판에, 50㎜ 단열재로 한 번 더 둘렀다. 창은 모두 3중 단열창이다. 511㎡의 땅에 8가구가 가족수와 필요에 따라 91.9~84.3㎡ 정도의 면적을 나눠 살면서 집집마다 땅값과 시공비로 2억4000만원씩을 냈다. 특이한 것은 1층과 지하에 동네가게 3곳을 두었다는 점이다. 이 가게들은 소득을 거둘 수 있는 공간임과 동시에 동네사람들과 소통하는 공간이다. 이 조합은 자신들이 공유주택을 짓기 때문에 어떤 방식으로든 동네에 역할을 해야 한다는 생각에 가게를 마련하였다. 이곳은 저녁때가 되면 북한산 둘레길 입구를 밝혀주는 역할도 한다. 이같은 주거모델은 새로운 동네관계와 이웃관계를 형성해 나가는 대안적인 모델임이 분명하다.[46]

오래 살 수 있는 동네의 요건 중 주거문제 다음은 안전이 확보된 동네 환경을 조성하는 것이다. 자기가 사는 집의 외부 공간에 벤치나 계단을 설치해서 골목으로 차가 지나가더라도 안전하게 쉬면서 얘기할 수 있어야 한다. 특히 어디로 튈지 모르는 아이들이 오고 가는 주택가 골목길이나 통학 길은 편안한 보행환경도 중요하지만 안전을 우선적으로 고려해야 한다. 골목길의 노후한 담벼락을 보수해서 안전을 확보하고 벽화를 그려서 친근한 거리를 조성하여야 한다. 이렇게 해서 같은 관심을 갖고 있는 이웃들이 모여서 교류하고 사회적 유대를 형성하게 되면 공동체의식이 높아지는 데 크게 기여할 것이다.

염리동 소금길

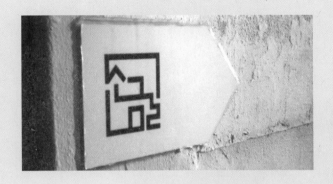

　서울 마포구 염리동에는 소금길이 있다. 염리동의 염 자는 소금 염(鹽)이다. 배를 만들던 사람들이 한강의 유속이 느려져서 섬을 폭파한다는 말에 옮겨와 살기 시작한 동네가 염리동이라고 한다. 주로 서울에 소금을 공급하던 곳이어서 소금장수들이 모여 살았다. 소금을 담기 위한 용기가 필요하자 독장수들이 모여들었고, 소금으로 담그는 새우젓으로도 유명했다.

　그런데 지금 염리동은 옛 소금골의 명성을 다시 얻으며 문화적인 이슈까지 만들어내는 곳이 되었다. 염리동은 재개발 여파로 원주민들이 하나둘 동네를 떠나고 대신 다문화가정, 중국인들이 방값이 싼 이곳으로 몰려들었다. 어느새 원주민들과 외주민들의 갈등이 문제가 되었고, 치안도 큰 골칫거리였다. 전형적인 달동네로 CCTV 하나 없었다. 이 좁은 골목길은 서울시 '범죄예방디자인 프로젝트'

면서 오가는 사람들도 많아지자 이 할머니들은 골목에 나와서 안내인이 된다. 할머니의 소일거리가 소금길을 더 밝게 해준다.[47]

온양3동 주민센터 옆 연립주택

아산시 온양3동 주민센터 옆에는 노후한 2층짜리 연립주택 세 동이 있다. 22세대 중에서 7세대가 기초생활수급자 가구이고 나머지 15세대는 어르신 가구여서 모두 생활이 넉넉지 못하다. 오랜 기간 동안 외부벽면을 도색하지 못해서 마치 사람이 살지 않는 곳처럼 흉물스러웠다.

보다 못해 온양3동 기관단체장협의회는 임시총회를 열어서 벽화를 그리기로 의견을 모았다. 십시일반으로 모은 돈 400만원으로 봉사단체와 함께 외부벽면에 대한 도색작업을 했다. 벽화는 재능기부 아티스트들의 협조를 받아 부의 상징인 해바라기를 독특하고 재미있는 그림으로 그려 넣었다. 깨끗하게 도색을 하고 벽화만 그렸을 뿐인데 골목길이 완전히 새롭게 바뀌었다. 오고 가는 사람들은 걸음을 멈추고 해바라기를 바라보면서 미소를 지었다.

불법 쓰레기가 쌓이던 연립 바로 밑에는 '한 평 화단'을 조성하여 쓰레기 투기를 막고 동네 사람들의 의식을 바꾸어나가는 일도 진행하였다. 주민들의 의식도 차츰 바뀌어서 쓰레기를 일몰 후에 지정 장소에 버리기 시작했다. 을씨년스러웠던 골목길이 독특하고 재미있는 해바라기 벽화길로 바뀌고, 쓰레기 때문에 눈살을 찌푸렸던 곳이 화사한 연산홍과 루드베키아 화단으로 바뀌면서 지역주민들의 의식도 바뀌어갔다. 나는 이런 작은 사업이 내가 살고 있는 동네에 대한 남다른 애정을 생기게 하는 계기가 된다는 사실도 알게 되었다.

이처럼 다양한 대안적인 주거모델의 확산은 사람이 살아가는 데 가장 기본적인 요소인 주거문제를 해결하고 이웃과의 유대를 강화시킬 수 있다. 그런 가운데 동네의 정체성이 생기고 동네사람들의 삶의 질이 향상된다. 이것이 앞서 말한 대로 안심하고 오래 살 수 있는 동네인 것이다. 누구나 살고 싶어 하는 동네복지의 새로운 모델들이 전국적으로 많이 생기기를 기대한다.

5. 작은 나눔이 있는 동네

극심해진 우리 사회의 양극화는 계층구조를 악화시키고, 소비를 둔화시켜 경제의 선순환을 어렵게 만든다. 이런 구조적 모순은 우리 사회의 지속적 성장을 불가능하게 하고 있다. 더욱이 저출산 고령화의 심화는 생산능력과 소비능력 모두를 급격히 떨어뜨리고 있으며 그것은 고스란히 복지비용 상승으로 이어지고 있다. 한마디로 복지 대상자는 늘어나고 쓸 돈은 줄어든다는 것이다. 이는 자칫 세대 간의 갈등을 유발할 가능성도 있다. 따라서 우리 사회는 이제 복지에 대한 인식의 대전환이 필요하게 되었다. 동네에 대한 관심, 국가복지에서 동네복지로의 전환은 이러한 배경에서 필요를 느끼게 된 것이다.

동네복지의 가장 큰 장점은 정부의 재정에 의존하지 않는다는 점이다. 독립적인 동네복지는 비용을 적게 쓰면서 주민들의 자발적인 참여와 협력, 서로의 필요를 충족시켜 나간다. 지역주민들이 동네의 주체가 되어 자족적이며 지속가능한 방식으로 스스로의 필요를 해결해 나가는 것이다. 동네복지의 힘은 가진 게 없는 사람들도 서로 협력하면 문제를 해결할 수 있다는 것을 웅변적으로 보여준다. 지금까지 우리가 당연하게 여겼던 복지적 요소를 동네 단위에서 어떻게 활용할지를 찾아내고 동네공동체가 공유해야 한다. 물론 동네복지가 모든 걸 해결해주는 도깨비방망이는 아니다. 동네복지는 국가복지와 어떻게 병행해야 하는지, 어떻게 하면 국가복지의 미흡한 점을 보완해나갈 수 있을지 고민해야 한다.

그 고민의 중심에 동네 단위의 나눔문화의 확산과 정착이라는 과제가 놓여 있다. 나눔은 경제적 여유와는 상관없이 동네사람들과 더불어 사는 중요성을 인식하고 자발적으로 책임을 분담하는 것이다. 나눔은 단순히 현금, 현물만이 아니라 현물, 노동, 지식처럼 다양한 형태로 존재한다. 품앗이처럼 우리 사회에는 오래전부터 동네 단위의 다양한 나눔이 일상화되어 있었다. 이러한 전통이 이어져 저비용 고효율의 복지공동체가 동네에서 가능하게 하고 있다.

동네에는 공동으로 소유한 땅이나 건물이 적지 않다. 그중에는 동네 사람이 기부한 것도 있다. 동네에는 자기 문제를 스스로 해결해가야 한다는 자조의 원칙이 존재하고 있다. 동네는 유사시에 어떤 형태로든 조직화된다. 이 조직은 예기치 못한 사건이나 사고가 생길 때 문제에 대응하는 능력을 보여주며, 그 자체로 동네 안전망 역할을 하고 있다.

동네복지는 국가복지에서 제대로 충당해 주지 못하는 부분을 보완하면서 서로 유기적으로 작동해야 한다. 그러기 위해서는 동네에서 작은 나눔이 더욱 확산되어야 한다.

독일 언론인 토마스 람게는 〈행복한 기부〉에서 나눔은 '2-1=3'이라는 수식으로 나눔을 표현했다. 기부와 자원봉사는 나눌수록 커지며, 주는 자와 받는 자 모두가 행복하다. 그런 의미에서 나눔과 봉사는 일회성의 이벤트가 아니라 꾸준하고 진정성 있는 동네를 만드는 기반이 되어준다.

온양3동에는 이미 여러 차례 얘기했듯이 행복드림사업의 일환으로 벌인 2천 원 후원구좌 가입운동을 전개했다. 28개의 동네에서 각 30구좌씩 약 800구좌 가입을 목표로 했었다. 불과 4개월 만에 개인별 588구좌, 단체별 315구좌 가입으로 903구좌가 금세 채워졌다. 이렇게 하면 매월 180만원 이상의 후원금이 모이게 된다. 후원금은 동 복지담당공무원과 동네별 우리이웃지킴이가 발굴한 사례 관리대상자에게 전기밥솥, 이불, 가스레인지, 도배·장판 등의 집수리와 의료비 지원 등을 하고 있다. 이처럼 온양3동 행복나눔 후원구좌 가입 성과가 조기에 나타난 것은 후원금이 어려운 이웃에게 제대로 쓰인다는 신뢰가 있었기 때문이다. 우리 스스로 돕겠다는 주민들의 마음은 튼실한 열매를 맺게 해줄 거름이 되어 주었다. 특히,

지난 2월부터 복지담당공무원과 함께 기초생활수급자 가구를 방문하는 우리이웃지킴이의 활약이 무엇보다 두드러진다. 이들의 눈은 착하고 부드럽지만 복지사각지대를 하나도 놓치지 않겠다는 의지도 엿보인다. 온양3동 동네복지가 이처럼 빨리 성과를 낼 수 있었던 것은 이분들의 노력을 빼놓고 말할 수는 없을 것이다.

작은 나눔이 있는 동네, 함께 살아오던 터전이 살아나는 동네, 오래도록 지속되는 동네. 이런 동네를 만들려면 먼저 공유자산을 만들고 공유경제를 활성화시켜야 한다. 우선 국가가 소유하고 관리하던 자산을 주민의 관리로 옮겨올 수 있는 방안을 생각해볼 수 있다. 동네를 잇는 도로에는 인도 쪽 차선 하나를 주차장으로 사용하고 주민들이 직접 관리하면 좋을 것이다. 제대로 관리되지 않는 놀이터를 동네 엄마들이 함께 관리하면 이웃과의 관계가 더욱 돈독해지는 명소가 될 수도 있다. 이렇게 주민참여를 통해 국가의 자산을 관리한다면 운영비의 효율을 높이는 것은 물론이고 만족도도 높아질 것이다. 단순히 관리비용을 줄이는 데서 그치지 않고 동네에 일감이 만들어지고 그로 인해 고용이 생긴다는 장점도 있는 것이다.

개인이 소유하는 생활재들을 함께 나누어 사용하는 방안도 있다. 오랫동안 쓰지 않고 방치된 물건들을 동네 이웃끼리 함께 사용한다면 비용을 크게 절감할 수 있다. 일 년에 몇 번 안 쓰지만 아쉬운 공구들, 덩치 큰 여행 가방이나 커다란 잔칫상은 충분히 동네에서 돌려쓸 수 있다. 아이들이 금방 자라기 때문에 육아용품을 물려줄 수도 있다. 이렇게 생활재를 나누면 생활비를 절감하고 자원을 아끼는 생태적 효과가 있다. 더 중요한 것은 무엇보다 이웃끼리 사연과 관계를 나누게 된다는 점이다. 이 관계는 나누면 나눌수록 넓어지고 깊어지며 그에 따라 동네가 성장하게 되는 것이다.

늘 필요한 생활재를 함께 만들어 나누는 것도 한 방법이다. 공동육아, 품앗이 방과 후로 아이들을 함께 챙기고, 생협으로 도농이 상생하는 먹거리를 조성하고, 아예 동네식당을 만들어 밥상까지 나눌 수도 있다. 잘 아는 이웃 주민이 운영하니 두 말 없이 믿을 수 있고, 동네 주민들이 십시일반으로 출자하고, 주민이 단골이 되는 협동조합을 설립하면 생활재 공유가 가능할 것이다. 이렇게 공유경제가 동네 단위에서 제대로 갖추어지면 비로소 동네는 안정되고 지속성을 가지게 될 것이다.

서울 성동구청 공구도서관

　물건을 나눠 쓰는 움직임이 확산되면서 공유경제에 대한 관심이 고조되고 있다. 지난 2008년 로렌스 레식 하버드대 교수가 처음 사용한 이 개념은 시간, 공간, 재능, 물건, 정보 등을 소유하지 않고, 서로 빌려 쓰는 경제활동이다. 크라우드펀딩 전문연구기관 메솔루션에 따르면 2010년 8억 5000만 달러 수준이던 세계 공유경제 규모는 2013년 51억 달러로 6배나 급증했다. 현재 미국이나 유럽을 중심으로 공유경제 산업이 팽창하고 있는데, 우리나라에서는 2012년 서울시의 공유도시 선언을 계기로 공유촉진 조례를 제정해 공유단체와 기업을 지원하고 있다.

　특히 대전시의 경우가 관심을 끈다. 대전시는 동네별 '공구도서관'과 '공유책장' 조성을 대표 사업으로 정해 '함께 쓰는 공유네트워크' 만들기 사업을 추진하고 있다. 주민들이 쓰지 않고 놀리는 공간이나 물건을 함께 사용하고, 재능과 정보를 나눠서 공유 경제를 활성화하기 위해서다. 공구도서관은 전동드릴, 예초기, 스패너 세트 등 사용빈도가 높지 않아 가정에 비치하기에는 부담이 있는 공구들을 모아 주민들이 필요할 때마다 집 가까운 곳에서 빌려 쓸 수 있도록 하고 있다. 공유책장의 취지도 비슷하다. 주민들이 책장에 꽂아 두고 잘 읽지 않지만 버리기에는 아까운 책들을 모아 함께 이용하는 것이다. 공구도서관과 공유책장은 주민센터나 아파트 관리사무소의 빈 공간에 조성하고, 먼저 필요한 공구나 책을 기증받은 뒤 부족한 것은 시에서 지원한다. 대학가에는 학생들이 정장을 빌려 입는 곳도 있으며, 악기, 육아용품을 공유할 수 있는 공간도 있다. 악기공유소에서는 지역 문화예술인들이 재능을 나누고, 육아용품 공유점에서는 물건만이 아니라 서로의 육아 경험을 공유하는 장소로도 활용한다. 또한 온·오프라인을 통해 시민들이 여행이나 사업 등 다양한 분야의 경험과 지식을 공유할 수 있는 네트워크 사업도 추진하여 공유문화 기반을 널리 확산하고 있다.[48]

이처럼 작은 나눔이 있는 동네는 다양한 측면에서의 공유경제를 활성화시킬 수 있는 힘을 갖고 있다. 이러한 것들이 모두 어우러지고 있는 동네, 그것이 우리가 살고 싶어 하는 동네복지의 모습일 것이다.

맺는 글

미국 웨스트 버지니아의 진보적 교육개혁가였던 하니펀(Judson Hanifan)은 지역사회의 뿌리 깊은 정치·경제·사회문제 등을 해결하기 위해서는 무엇보다 주민들 간의 유대감을 공고히 하는 것이 중요하다고 주장하였다. 지역사회가 침체되기 시작한 원인은 주민들간의 유대감이 사라지면서부터였다는 것이다. 그는 지역문제를 토론하고, 협동해서 사과를 수확하던 전통적 관습이 사라졌기 때문이라고 진단하였다. 다시금 지역사회를 재건하기 위한 방안으로 그는 사회자본을 역설하였다.[49]

로버트 퍼트남의 정의에 따르면, 사회적 자본은 서로의 이익이되는 조정, 협력과 협동을 촉진시키는 네트워크, 규범이나 사회적신뢰와 같은 사회적 기구로 구성된다. 그렇다면 우리 사회에서 사회적 자본의 모습을 어디에서 찾을 수 있을까? 나는 그것이 우리가살고 있는 동네에서 찾을 수 있다고 생각한다. 왜냐하면 동네에는전통적 관습이 다양한 형태로 존재해 왔고, 그것이 사회적 자본을창출해내는 주요 원천이 되고 있기 때문이다.

KBS 다큐멘터리 〈3일〉에서 방영된 '부산 반송동 사람들의 이야기'에서도 동네에서 만들어지는 사회적 자본의 사례를 볼 수 있었다. 부산 반송동은 재개발과 IMF 사태 등으로 많은 사람들이 동네를 떠났지만, 지금은 살고 싶은 동네로 바뀌었다. 반송동 주민들은 절망의 상황에서 동네의 장점을 찾으려고 노력했다. 동네 주민 모두가 주인이라는 생각으로 동네기업을 창업하고, 동네 도서관과 카페를 운영하며 동네공동체를 만들어나갔다. 그것이 자연스럽게 사회적 자본이 되었던 것이다.

물론 부산 반송동의 사례는 아직도 성공한 일부분에 지나지 않을지 모른다. 대부분의 동네에서 주민들 간의 협력과 협동, 유대감은 사라졌다. 홀몸노인이 고독사를 하고, 송파 세 모녀 사건처럼 복지 사각지대의 문제는 여전히 우리 사회가 내적 질병을 앓고 있다는 것을 보여준다. 1인당 국민소득이 3만 달러에 육박하고 세계 7대 수출강국, 무역대국 11위인 우리나라의 행복지수는 고작 세계 97위일 뿐이다. 화려한 숫자 잔치 이면에는 아직 어두운 그림자가 짙게 깔려 있다.

나는 이같은 낮은 행복지수가 신뢰를 바탕으로 한 공동체 정신이 사라지고 개인주의가 팽배해진 결과라고 생각한다. 우리는 아직 사람보다 물질을 최상의 가치로 여기는 물질만능의 사회, 이웃과 정을 나누는 연대와 협동의 여유를 찾을 수 없는 말라빠진 사회에서 살고 있다. 더욱이 노동환경은 불안정하고, 살림의 격차는 점점 더 벌어진 결과 사회의 양극화는 더욱 심각해지고 있다.

그렇다면 우리는 정말 행복하게 살 수 있을까? 나는 이 물음에 대한 해답을 다시금 동네로 귀환하는 데서 찾을 수 있다고 생각한다. 공동체를 복원하고 이웃과 더불어 공생하는 지역사회를 만드는 것에서 해답을 구할 수 있다. 시대의 스승 마하트마 간디는 무엇보다 '자치'를 중요하게 여겼다. 동네공동체는 일명 동네공화국이라고 표현한다. 간디는 미래세대의 국가 모습을 동네공공자치제에서 찾고자 하였다. 동네공화국 수십만 개가 인도라는 국가를 이루기를 바랐던 것이다. 그는 나눔과 배려라는 복지의 원형이 동네와 만나고, 공동체문화, 공동체경제, 공동체교육이 어우러진 동네공화국의 완성을 꿈꾸었던 것이다.[50]

우리가 꿈꾸는 동네복지의 모습도 간디의 동네공화국과 크게 다르지 않다. 동네 안에서 연대와 협동으로 자조와 자치를 이루어가고 생활정치의 싹을 틔우는 과정은 동네복지를 만들어 가는 길이기 때문이다.

이 책은 동네 안에서의 자조와 자치를 이루어내고, 이웃이 이웃을 돕는 동네복지체계를 구축하여, 새로운 동네공동체를 만들어 보자는 바람이 담겨 있다. 이러한 작은 시도들이 동네를 바꾸고 지역사회를 변화시켜 결국 국가의 복지체계도 바꾸게 될 것이라고 믿는다. 전국의 읍·면·동에서 동네 단위의 복지를 체계화시키기 위해서 무엇을 고민하고 어떻게 실천해야 하는지, 왜 동네복지가 필요한지, 우리가 꿈꾸는 미래의 행복한 동네의 모습은 어떤 것인지를 함께 그려보고 공감해보고 싶었다. 현장에서 펼친 다양한 동네복지 사업의 사례들을 공유하여 지역의 특성을 반영한 새로운 동네복지의 모습을 함께 찾아보자는 제안이 담겨 있다.

우리는 모두 행복해지려고 하고, 더불어 살고 싶어 한다. 또한 마음을 서로 나누는 동네를 만들고 싶은 꿈이 있다. 돌봄과 교육이 살아 있고, 세대가 어우러지고, 자조와 자치가 살아 숨 쉬는 동네를 만들고 싶어 한다. 나는 우리에게 그 DNA가 살아 있다고 믿는다.

공동체 전체가 이웃을 살피고 돌보는 동네를 만들고 싶다. 서로 격려하는 공동체, 서로 배려하는 공동체, 서로 나누는 공동체는 멀리 있지 않다. 동네복지는 우리 가까운 이웃에서부터 시작하면 된다. 한 사람의 열 걸음보다 열 사람의 한 걸음이 소중하다. 이 소박하고 작은 걸음이 이어져 나와 우리가 어울려 사는 행복한 동네를 함께 만들어가고 싶다.

미주

1) 곽현근(2009), "사회적 배제 극복을 위한 동네거버넌스 사례연구", 한국행정연구, 18(4).
2) 한필원(2011), 「한국의 전통마을을 찾아서」, 휴머니스트 출판그룹.
3) Robinson, J. & Green, G., (2011), 「Community Development」, Sage.
4) Wilson, E. O., (2012), 「The Social Conquest of Earth」, Liveright Publishing Corporation.
5) Green, G., & Haines, A., (2012), 「Asset Building & Community Development」, 3rd Edition, Sage.
6) 김기흥(2014), "마을이란 무엇인가", "마을의 동력, 본질과 사상", 「마을의 재발견」, 올림.
7) 유창복(2014), 「도시에서 행복한 마을은 가능한가」, 휴머니스트.
8) 박길성(2013), 「사회는 갈등을 만들고 갈등은 사회를 만든다」, 고려대학교 출판부.
9) 김기흥(2014), "봉사와 헌신에 기초한 마을의 작은 정치학", 「마을의 재발견」, 올림.
10) 마상진(2011), 「사회적기업 역량 강화를 위한 중간지원조직 육성과 네트워크 활성화」, 한국농촌경제연구원.
11) 김기흥(2014), "이익보다 사람을 중시하는 마을의 작은 경제학", 「마을의 재발견」, 올림.
12) 주강현(1997), 「한국의 두레 2」, 집문당.
    주강현(2006), 「농민의 역사 두레」, 들녘.
13) 윤수종(1992), "품앗이에 관한 일 연구 : 일제시기 이후 성격 변화를 중심으로", 「한국사회사연구회 논문집」, 제33집, 한국사회사연구회.
14) 김응열(1972), "농촌사회의 전통적 이익집단", 「사회학논집」, Vol. 3, 고려대학교 사회학과.
15) 김필동(1999), 「차별과 연대 : 조선사회의 신분과 조직」, 문학과 지성사.
16) 김기흥(2014), "마을을 움직이는 사회자본", "한국 마을을 지켜온 3가지 사회자본", 「마을의 재발견」, 올림.
17) 전병관(2014), 6·4지방선거와 지역의 근린복지 방향, 「월간 공공정책」, Vol. 105, 공공정책연구원.
18) 유창복(2014), 「도시에서 행복한 마을은 가능한가」, 휴머니스트.
19) 중앙일보(2015. 1. 27), "우리나라가 63등인 이유" 기사
20) 장애인연금은 장애로 인하여 근로상실로 생활이 어려운 중증장애인(장애등급

1급과 2급 및 3급 중복장애를 가진 장애인)에게 매월 일정 금액을 연금으로 지급하여 생활안정을 지원하는 사회보장제도로 연령 및 소득수준에 따라 월 20만원까지 지급되고 있다.

21) 장애인등록 절차는 다음과 같은 절차에 의하여 이루어진다.

장애인	읍면동	의료기관	읍면동	국민연금공단	읍면동
등록신청 (읍면동)	진단의뢰 (의료기관)	장애진단서 발급 (읍면동)	장애등급 심사요청 (국민연금공단)	장애심사 결과통보 (읍면동)	장애등록 (본인통보)

22) 임병광(2012), "때로는 듣기만 해도 도움이 됩니다",「사례관리 실천 이야기」, 푸른복지.

23) 정수현(2012), "혼자 아이를 키우는 아저씨 이야기",「사례관리 실천 이야기」, 푸른복지.

24) 윤종설(2007), "우리나라 공무원 중간관리자의 뉴 리더십 확보방안: 이슈 리더십과 전략적 리더십을 중심으로", 한국조직학회보 제4권 제1호.

25) 김세진(2014), "복지자원이란 용어의 사회사업다운 의미",「민간사회복지자원 통합DB구축 조사보고서」, 서울시복지재단.

26) 양재진(2014), "복지사각지대 해소를 위한 사회안전망 강화: 현재, 역사 그리고 미래를 위한 대안",「복지사각지대 해소를 위한 사회안전망 강화 토론회 세미나 자료집」, 공정경쟁과 사회안전망 포럼.

27) 보건복지부(2015), 2014년 국내 나눔실태 발표.

28) 전병관(2011), "새로운 나눔 문화 확산을 위한 아산행복드림사업",「월간 공공정책」, 10월호.

29) 박창남(2010), "천안 아산지역 시민의 기부현황 및 기부의식에 관한 조사결과",「지역사회발전포럼 공동학술세미나 자료집」, 나사렛대학교 사회복지연구소·풀뿌리희망재단·대전일보.

30) 투게더광산 나눔문화재단(2014), 마을복지, 자치로 풀다, 데코디자인그룹.

31) 충남발전연구원·홍동마을 사람들(2014),「마을공화국의 꿈, 홍동마을 이야기」, 한티재.
최승호(2009), "지역 마을 공동체 만들기 운동의 발전 방안 모색", 한독사회과학논총 제19권 제1호을 참고하여 작성하였다.

32) 정기석의 "다문화 협업마을"을 참고하여 작성하였다.
정기석(2014),「사람 사는 대안마을」, 도서출판 피플파워.
누리마을 빵카페 사진은 http://bezzera.tistory.com/724에서 캡처를 하였다.

33) 서울시복지재단, 성미산 마을의 이웃사촌들이 함께 사는 법 (http://blog.naver.com/swf1004/220047844705)

34) 서울시(2012), 서울, 마을을 품다.

35) 여관현(2013), "마을 만들기를 통한 공동체 성장과정 연구: 성북구 장수마을 사례를 중심으로",「도시행정학보」, 제26집 제1호.

36) 2008년에 결성된 최초의 대안개발연구회는 녹색사회연구소, 성북주거복지센터, 주거권운동네트워크, 한국도시연구소, 한국해비타트, 고려대 건축학과 등의 다양한 시민단체 및 연구소에서 참여하였다. 이 단체들을 처음에는 '대안개발 계획 기획팀'으로 결성하였고, 그 이후에 대안개발연구회로 명칭을 변경하였다.

37) 경향신문(2015. 3. 5), "도시 속 마을, 런던의 포플라" 기획기사를 참고하여 작성하였다.

38) 하카는 '주택과 공동체 재생산협회'(Housing and Regeneration Community Association)의 줄인 말이다.

39) 국민일보(2015. 5. 2). "사회적 거래소 설립 논의 어디까지" 기사 참고.

40) 중앙일보(2015. 5. 11), "엄마들 힘으로 만들었죠, 우리 동네 어린이도서관" 기사 참조.

41) https://www.women.go.kr/new_women/women/common/bbs/view.do?menuId=M00224&selectedSeq=124308

42) https://www.women.go.kr/new_women/women/common/bbs/view.do?menuId=M00224&selectedSeq=124308

43) 이헌재(2013), 이웃가게에서 유대 전략이 신뢰와 결속 그리고 애호도에 미치는 영향, 숭실대학교 대학원 백사학위 논문.

44) 지역화폐는 1983년 캐나다의 마이클린턴이 만든 레츠(LETS)라는 것이 대표적이다. 지역내 교환시스템의 약칭인 레츠는 벤쿠버 근교의 코트니에서 시작돼 세계 곳곳으로 확산됐다. 우리나라에서도 대전한밭레츠, 과천 품앗이, 성미산공동체, 서초품앗이, 구미사랑고리, 부산사하품앗이 등이 지역화폐를 만들어 지역 안에서 돈이 돌 수 있게 하고 있다.

45) 경향신문(2015. 3. 31), "브라질 포르탈레자 기적의 은행" 기사 참조.

46) http://www.hani.co.kr/arti/specialsection/esc_section/668517.html

47) http://blog.naver.com/icanhsy/220072546014

48) 경향신문(2014. 12. 22), "대전시, 동네마다 공구도서관 · 고유책장 만든다" 기사 참조.

49) 유석춘 외(2003), 사회자본, 도서출판 그린.

50) 강위원(2014), 마을복지, 자치로 풀다, 투게더광산 나눔문화재단.